Souleymane Ba

Le fagot de ma mémoire

Philippe Rey

7, rue Rougemont – 75009 Paris

www.philippe-rey.fr

À mes ami.e.s de toujours

« Quand la mémoire va chercher du bois
mort, elle rapporte le fagot qu'il lui plaît... »

Birago Diop

Avant-propos

« Quand la mémoire va chercher du bois mort, elle rapporte le fagot qu'il lui plaît », a écrit le poète et conteur Birago Diop (1906-1989). Ma mémoire ne se serait pas mise en branle pour s'en aller constituer le fagot des souvenirs que j'ai rassemblés dans les pages qui suivent, n'eût été l'insistance d'amis qui se trouvent aussi être mes éditeurs.

Il a fallu, bien entendu, que je trouve en moi-même une raison de me retourner ainsi, un moment, sur le chemin où je vais. Car depuis quelques années j'interromps le travail que je souhaite mener sur la traduction pour répondre à des invitations à écrire des livres à deux voix sur des sujets qui s'éclairent mieux, en effet, lorsqu'ils sont présentés dans une « disputation ». C'est ainsi que j'ai eu le plaisir d'échanger avec les philosophes Philippe Capelle-Dumont et Rémi Brague sur l'islam et la philosophie[1], et avec l'anthropologue Jean-Loup Amselle sur le postcolonial et la question de l'universel[2].

L'interruption que constitue ce livre-ci est un moment de détente, ainsi que Bergson définit un répit dans la poussée qui continûment engage, dans le présent de ce que nous avons à faire, l'essentiel du passé ; un répit donc, où au contraire l'attention se tourne vers la contemplation de ce passé. Cette contemplation aura été, pour une grande part, celle de villes que j'aime et où je passe toujours du temps, sur trois continents. Elle aura été aussi une évocation des maîtres auprès de qui j'ai eu le bonheur d'apprendre. De mes parents. De ma famille. De mes amis. J'ai eu constamment à l'esprit, en écrivant ces pages, ceux et celles que j'appelle mes ami.e.s de toujours. À ceux et celles d'entre eux, d'entre elles, qui liront ce livre, à ceux et celles d'entre eux, d'entre elles, qui ne sont plus avec nous pour le lire, ce fagot que rapporte ma mémoire est dédié.

---

1. Philippe Capelle-Dumont et Souleymane Bachir Diagne, *Philosopher en islam et en christianisme*, Paris, Cerf, 2016 ; Rémi Brague et Souleymane Bachir Diagne, *La Controverse*, Paris, Stock, 2019.

2. Souleymane Bachir Diagne et Jean-Loup Amselle, *En quête d'Afrique(s). Universalisme et pensée décoloniale*, Paris, Albin Michel, 2018.

Saint-Louis

Être saint-louisien constitue une part essentielle de mon identité, alors même que je n'ai pas grandi dans la ville qui m'a vu naître et que je n'y ai jamais séjourné longtemps après que mes parents en sont partis, quand j'étais encore un tout petit enfant. Mais être saint-louisien ou, mieux, un enfant de Saint-Louis, c'est participer d'une culture et je dirais aussi d'un certain ethos que ma famille m'a tout naturellement transmis. J'avancerai en deux mots que cette culture est faite d'une tolérance qui n'est pas condescendance, mais sens du pluralisme.

J'ai dit : enfant de Saint-Louis. Ainsi appelle-t-on, en effet, les Sénégalais originaires de cette ville fondée sur l'île de Ndar en 1659 comme un fort-comptoir français, à qui le roi de France d'alors, Louis XIV, donna le nom de son aïeul. Les Saint-Louisiens ont donc seuls ce singulier privilège, si c'en est un, d'être *enfants* de leur ville. On ne dit pas, en langue wolof, enfant de Dakar, de Ziguinchor, de Gorée ou de Matam. On est *de* la ville ou *du* village où on est né.

J'ai dit : privilège. On pardonnera aux enfants de Saint-Louis, et ici à l'un d'entre eux, de ne jamais manquer, lorsqu'ils parlent de leur ville, d'en célébrer l'exceptionnalité, surtout aujourd'hui, quand ce qui fit sa gloire de grande capitale n'est plus. Il y a toujours de la nostalgie dans la manière dont les descendants des vieilles familles saint-louisiennes se racontent leur propre mythologie. Dans mon cas, ce sentiment est d'autant plus fort que je n'ai jamais vraiment vécu dans ma ville natale. Je m'y sens chez moi, mais toujours sur le mode de la nostalgie et avec un certain sentiment de décalage.

De l'ancienne capitale de ce qui fut sous la colonisation la Fédération de l'Afrique-Occidentale française, Jean-Pierre Dozon a écrit, avec grande justesse, qu'elle est « oxymore », « anachronisme » et palimpseste[3] : s'appeler Saint-Louis mais être de l'Ouest africain, et pouvoir revendiquer d'être le foyer où est né le Sénégal moderne, voilà pour l'oxymore. Continuer de s'appeler Saint-Louis autant que Ndar, ces deux noms étant aussi « indigènes » l'un que l'autre, voilà pour l'anachronisme, ou plutôt le caractère éternel de la ville. Et pour

3. Jean-Pierre Dozon, *Saint-Louis-du-Sénégal. Palimpsestes d'une ville*, Paris, Karthala, 2012.

le palimpseste, Saint-Louis est connu pour être pluriel dans son histoire et les cultures dont la ville a reçu les multiples empreintes, africaines et française, anglaise un moment, arabe, dans un emmêlement de toutes ces identités à la fois et des hybridations qu'elles ont engendrées.

Mais l'ethos de tolérance et d'ouverture dont je parle et dont je dis qu'il me fut transmis par ma famille concerne surtout le pluralisme des religions qui ont donné son énergie spirituelle à Saint-Louis. C'est une ville chrétienne où la célébration du 15 août, la fête de l'Assomption, a une importance toute particulière. C'est surtout aussi la ville du fanal, cette procession de lanternes qui depuis le XVIIIe siècle est organisée par les riches Signares, en route pour la messe de minuit, la veille de Noël. Saint-Louis est également une métropole musulmane ouverte sur la Mauritanie et le Maroc, où nombre de savants de la région sont venus parfaire leurs études islamiques. La grande mosquée de la ville, dont les travaux furent achevés en 1847, est sans doute la seule au monde dont un des deux minarets abrite une cloche et s'orne d'un cadran d'horloge. Une des explications de la présence de cette cloche voudrait que les mulâtres chrétiens, qui formaient alors l'élite de la ville, n'eussent consenti à l'érection de cette mosquée vers le milieu du XIXe siècle qu'à la condition que l'appel à la prière se fît par une cloche plutôt que par le muezzin. Cette interprétation est peu plausible lorsqu'on sait que justement l'islam, à ses origines, s'est démarqué des manières chrétienne et juive d'indiquer l'heure des offices religieux pour confier à la voix humaine la mission d'appeler les fidèles à la prière. Je n'accorde donc pas grand crédit à cette explication servie par les guides touristiques lorsqu'ils font visiter l'île en calèche, mais je suis convaincu, en revanche, quand ils présentent cette cloche nichée dans un minaret comme un symbole de l'esprit de Saint-Louis.

Une belle floraison d'écoles a fait de la ville un centre intellectuel réputé pour l'enseignement des sciences islamiques. Centre du livre, de la lecture, de la réflexion, du commentaire et de la discussion, où s'est développée une tradition saint-louisienne d'éducation à un islam lettré, rationnel et ouvert. Plusieurs de mes aïeux ont contribué à cette tradition dans laquelle il n'était pas rare de voir les femmes prendre une part active. Ma grand-mère paternelle, fille de marabout, enseignait elle-même le Coran.

C'est à cette tradition que je dois d'avoir été éduqué dans l'idée d'un islam à la fois rationnel et soufi, dans l'idée que le mysticisme n'est pas l'abandon de la raison, mais fleurit au contraire à la fine pointe de celle-ci. C'est une idée dont s'éclairent aujourd'hui mon cheminement et mes écrits en philosophie de la religion. Elle m'est aussi inspirée par les auteurs modernes que je cite souvent parce qu'ils m'aident à savoir ce que je pense : Mohamed Iqbal ou Henri Bergson.

Saint-Louis a joué un rôle important dans le développement des différentes voies soufies qui donnent à l'islam sénégalais, ouest-africain plus généralement, son identité. C'est à l'une d'elles, la Tidjaniya, que la plupart des membres de ma famille, depuis plusieurs générations, se sont affiliés. De cette voie on peut dire qu'elle a élu domicile à Saint-Louis tout particulièrement, même si la capitale religieuse qui lui est associée est la ville de Tivaouane.

L'une des raisons pour lesquelles la Tidjaniya s'est véritablement incorporée à la mémoire de la ville est l'importante présence marocaine à laquelle cette voie mystique s'est aussi identifiée. C'est à Fès en effet, la capitale religieuse du Maroc, où s'était installé son fondateur, que la voie tidjane est née et s'est développée à la fin du XVIIIe siècle. Les commerçants marocains devenus enfants de Saint-Louis étaient, pour l'immense majorité d'entre eux, des Fassi, c'est-à-dire originaires de Fès. Certains faisaient commerce de livres en arabe, une littérature qui fut longtemps étroitement contrôlée par l'administration coloniale française, obsédée qu'elle était par la crainte de voir arriver dans ses territoires ouest-africains des écrits qui y répandraient une contagion et une subversion panislamistes venant des autres pays musulmans. Parmi les ouvrages que l'on pouvait se procurer ainsi figuraient en bonne place les grands classiques présentant la doctrine de la voie tidjane.

Ma mère m'a souvent raconté comment l'un de ces ouvrages classiques a été à l'origine des liens d'amitié puis de parenté qui se sont noués entre son grand-père maternel et le fils d'une de ces familles fassi, les Bennani. Mon aïeul était entré dans la boutique, qui faisait aussi librairie, du père Bennani, à la recherche du texte *Perles des sens*. Le propriétaire de la librairie s'était étonné qu'un homme si jeune fût déjà suffisamment lettré en arabe et en sciences islamiques pour pouvoir lire le *Jawāhir al Ma'nī*, un livre sur l'enseignement du fondateur de la voie tidjane, et qui est une exposition de la métaphysique du soufisme. Le père Bennani avait alors présenté son interlocuteur à son fils en souhaitant qu'ils devinssent des amis et puissent discuter métaphysique ensemble. C'est ce qui s'est produit.

Cet aïeul, Alpha Boubacar, un érudit affectueusement appelé Thierno Modi par ses disciples, est une figure de patriarche dans la famille de ma mère. Il avait épousé mon arrière-grand-mère (qui était aussi sa cousine) après que le premier mari de celle-ci, le père de sa fille unique, ma grand-mère, était mort à Salonique, en soldat de la France, durant la Première Guerre mondiale. Grand-mère n'a donc pas connu son père prestement enrôlé dans les troupes coloniales et envoyé à la guerre juste avant la naissance de son enfant. Il n'aura pas su que c'est une fille qui lui naîtrait ni connu la joie de savoir que celle-là survivrait. En effet, pour combattre le sort qui s'acharnait à interrompre ses grossesses ou à faire mourir ses enfants à la naissance, mon arrière-grand-mère avait surnommé la fille dont elle espérait qu'elle au moins lui resterait Guéda, autrement dit « celle dont on ne veut pas ». Il s'agissait, par ce nom-stratagème, de flouer la Némésis en lui laissant accroire qu'elle pouvait prendre celle-là aussi, qu'on avait, de toute façon, déjà renoncé à elle.

Ma grand-mère fut donc élevée par son beau-père. Celui-ci veilla sur elle et ses trois enfants lorsque, séparée de son mari, elle revint habiter chez sa mère. Le patriarche n'avait jamais voulu être de ces marabouts qui vivent aux crochets de leurs disciples et des cadeaux que ceux-ci croient devoir leur faire régulièrement. Lorsqu'il n'enseignait pas, il tenait commerce de livres en arabe qu'il achetait au Maroc et qu'il allait vendre jusqu'en Gambie où il faisait de fréquents séjours, emmenant souvent sa petite famille. De ses voyages il était resté à ma grand-mère des expressions en pidgin gambien qui m'amusaient beaucoup lorsqu'elles lui revenaient en mémoire et qu'elle me les répétait.

Après la mort du patriarche, ma famille maternelle a vécu sous l'autorité de mon arrière-grand-mère, veuve de nouveau et désormais matriarche. Elle a été une grande présence dans mon enfance. Elle est toujours venue nous voir pour de longs séjours, partout où le travail de mes parents nous a conduits. J'ai eu la chance de l'avoir dans ma vie jusqu'au seuil de l'adolescence.

La matriarche était une princesse, et même si je l'avais bien sûr toujours connue vieille elle en avait l'allure à mes yeux d'enfant. Elle était de la famille des Sambala, le nom dynastique sous lequel a régné la famille royale du Khasso. Lorsque la colonisation eut mis fin au royaume, les Sambala reprirent leur vrai patronyme, Diallo. Le père de la matriarche, Sidy, plus connu sous le surnom de Less, s'installa alors au village de Kaédi, dans le Fouta. Il se raconte dans la famille que ce surnom lui avait été donné parce que le gouverneur de la colonie, le général Faidherbe, après l'avoir aidé à s'installer là, avait ordonné qu'on le «laiss[ât] tranquille» désormais.

J'avais treize ans lorsque la matriarche est morte. J'ai beaucoup pleuré cette arrière-grand-mère qui avait étendu à moi, l'aîné de ses arrière-petits-enfants, l'immense amour qu'elle avait pour ma mère. Parmi mes nombreux souvenirs d'elle je garde particulièrement en mémoire que vers la fin de sa vie, alors que la maladie l'avait désormais clouée à son lit, elle aimait me faire venir à côté d'elle pour que je lui lise à haute voix des chapitres du Coran. Et je faisais le fier, ânonnant les versets que j'avais appris, à jouer les érudits auprès de la veuve du maître Thierno Modi.

C'est à la matriarche, naturellement, que ma mère s'adressa avec force pleurs lorsqu'elle voulut aller à l'école dite «française» comme certaines de ses amies. Chaque fois que celles-ci revenaient de classe avec mille choses à raconter, ma mère allait trouver sa grand-mère, furieuse et malheureuse en même temps, pour exiger d'être inscrite elle aussi et acquérir le statut et le titre qui lui semblaient alors les plus enviables : élève. Son père lui-même était instituteur, et en fait personne ne s'était explicitement dressé contre l'idée de l'inscrire à l'école. Apparemment, la question ne s'était tout simplement pas posée dans la famille de savoir s'il fallait envoyer les filles à l'école française. On finit donc par consulter Thierno Modi qui déclara que c'était une bonne chose qu'elle veuille s'instruire, toute connaissance, en quelque langue que ce soit, étant utile. Les filles devaient, au même titre que les garçons, chercher le savoir.

Je ne crois pas qu'aucun polytechnicien ni aucun normalien puisse parler de son *alma mater* avec plus de fierté que ma mère lorsqu'elle évoque son école primaire Léontine-Gracianet de Saint-Louis. La seule école qu'elle ait fréquentée.

Elle avait de quoi en être fière, la jeune fille qu'elle était. Encore aujourd'hui, malgré les marques du temps, on peut voir tout le charme de cet édifice dont les origines sont pourtant militaires. C'est au début du XXe siècle, en effet, que ce qui avait été le magasin général de la capitainerie est devenu l'École des filles et Cours complémentaire. Elle sera ensuite appelée École urbaine des filles avant d'être baptisée « Léontine-Gracianet », du nom de celle qui en fut une directrice.

Ma mère m'a souvent raconté comment sa propre directrice piqua une colère, pour laquelle l'adjectif « homérique » serait encore un délicat euphémisme, lorsqu'elle lui apprit qu'elle allait devoir, à la fin de ses études primaires, arrêter les études et se marier avec celui qui devait être mon père. Je puis imaginer une directrice rouge de colère contre ces « coutumes » de « barbares » qui arrachaient les jeunes filles à leurs études pour les jeter dans les liens du mariage, leur volant ainsi la possibilité d'un avenir promis par les bénéfices d'une éducation française menée le plus loin possible. Depuis l'ouverture, en 1938, de l'École normale des jeunes filles dans la ville de Rufisque, les filles avaient d'autres perspectives que de se contenter de connaître la langue française, les règles d'hygiène et les bases de l'économie familiale ; elles pouvaient envisager d'apporter une contribution décisive à la transformation des mentalités et au progrès de la société « inférieure » vers la « civilisation ». À partir de la fin des années 1940, on commençait à voir, parmi les élèves qui décrochaient le baccalauréat, quelques bachelières dont l'exemple pouvait faire rêver d'autres jeunes femmes. Dont ma mère.

Mais, à la réflexion, il n'y a aucune raison de penser que la colère de la directrice de l'école Léontine-Gracianet n'était pas pure générosité. Peut-être était-elle elle-même une de ces jeunes filles issues de la France paysanne à qui l'école républicaine, gratuite, qui promettait l'élévation dans l'échelle sociale, apparaissait comme un nouvel Évangile ? Et qui voulait que dans les colonies la même chance fût offerte à d'autres jeunes filles douées, comme on dit, de *potentiel* ?

Quand ma mère en parle comme d'une femme qui lui avait toujours manifesté beaucoup d'attention et cette affection pour leurs élèves qui vient tout naturellement à ceux qui croient en l'enseignement comme en une mission, ce n'est probablement pas seulement parce que le temps a fait son œuvre et peint en rose sa vie d'élève. Merci, madame la directrice, pour avoir offert à maman, avec votre accès de fureur lorsqu'elle vous a dit qu'elle devait quitter l'école pour se marier, un souvenir qui, chaque fois qu'elle l'évoque, la fait sourire tout en lui mouillant les yeux. Les miens aussi.

Ma mère n'a jamais regretté de s'être mariée tôt, n'a jamais regretté d'avoir consacré sa vie à accompagner celui qu'elle appelait parfois son camarade. Et bien sûr à ses enfants dont je suis l'aîné. Je suis né quand elle avait dix-sept ans. Une enfant. Et déjà mère. Devenue, alors qu'elle n'était encore qu'une adolescente, la *mamma* qu'elle sera toute sa vie.

De l'éducation reçue à Gracianet elle a tiré parti lorsqu'elle a été engagée par l'administration de ce qui s'appelait alors les PTT, les Postes et Télécommunications, pour laquelle travaillait déjà son « camarade », mon père. Aujourd'hui, à la retraite depuis longtemps, ma mère a les mêmes accents, quand elle évoque le soin qu'elle mettait à remplir ses différentes fonctions à la poste, que lorsqu'elle parle de son école Gracianet.

Évoquer la trajectoire qui a fait de moi le philosophe que je suis devenu est tout naturellement, je le constate, élever « un château à ma mère », pour reprendre le titre d'un récit autobiographique de Marcel Pagnol. C'est aussi, pour rester dans le registre de cet auteur, chanter « la gloire de mon père ». C'est normal, et je dirais même que c'est le principal intérêt du « sot projet de se peindre » pour qui mesure ce qu'il doit à ses parents. Dans mon cas, en particulier, ce que je dois à la valeur que les miens ont accordée à l'éducation.

Ma mère a manifesté toute sa vie ce désir d'école qui avait eu raison des réticences de sa famille. De ce désir d'école qui habita aussi mon père, qui fut toute sa vie boulimique de lecture, je suis bien l'enfant. Et je crois que, si je devais désigner les moments où j'ai pu donner à ma mère les plus grandes joies qu'elle a connues, mon admission à l'École normale supérieure figurerait dans le top 5. Voir son fils aîné reçu rue d'Ulm avait répété la pure joie d'aller à l'école Léontine-Gracianet pour la petite fille qu'elle avait été.

Le hasard a fait que cette admission est devenue une histoire publique au lieu de rester la célébration privée, familiale, qu'elle aurait dû être normalement. Le jour où les résultats furent proclamés, j'étais assis avec quelques camarades dans la cour de l'ENS que nous commencions déjà à considérer nôtre, lorsqu'un monsieur s'approcha de moi, me salua et me félicita avec beaucoup de gentillesse. C'était le professeur Jean Bousquet, alors directeur de l'École. Et, à ma grande surprise, il me demanda la permission d'envoyer au président du Sénégal un télégramme pour l'informer de mon admission. Il m'apprit qu'il avait été camarade de khâgne au lycée Louis-le-Grand des futurs présidents Léopold Sédar Senghor et Georges Pompidou. Je tiens de lui également l'histoire que je considère peu connue, car je ne l'ai jamais lue nulle part, que Georges Pompidou, un jour à l'internat, avait empoigné un élève qui avait traité son ami Senghor de « singe ». Et après l'avoir traîné devant un miroir, il lui avait crié de se regarder pour juger lequel des deux ressemblait le plus à l'animal.

Son vieux camarade Senghor, m'avait dit le directeur Bousquet, serait certainement heureux d'apprendre qu'un de ses compatriotes était devenu normalien. Il avait raison : à la réception du télégramme de son ancien condisciple, le président Senghor avait donné instruction de lire à la radio et à la télévision un communiqué dont ma mère aime à répéter les premiers mots : « Le Sénégal à l'honneur. Dans un télégramme reçu à la Présidence, Monsieur Bousquet, directeur de l'École normale supérieure… »

Lorsque je suis rentré à Dakar, quelques jours plus tard, pour les vacances et ne sachant rien des foules d'amis et de parents qui n'avaient cessé de venir chez nous féliciter ma mère, elle m'a dit, les yeux humides, que Dieu avait voulu qu'elle fût, elle, la maman de notre premier normalien reçu rue d'Ulm. J'aime à penser que l'élève de l'école des filles Léontine-Gracianet, qui avait pleuré pour y être admise et pleuré quand il avait fallu la quitter, était entrée, avec moi, à Normale sup.

La portion saint-louisienne du chemin qui m'a mené à ce moment et à d'autres qui ont suivi a été brève, comme j'ai dit. Je n'ai vécu que très peu de temps dans ma ville natale même si je dois tout à sa culture et à sa spiritualité. Le temps d'y savoir marcher à quatre pattes, puis de me tenir debout tout seul sur mes deux jambes, et nous voilà partis, mes parents et moi, pour la Casamance et la ville de Ziguinchor où j'ai appris à courir, à parler, à danser.

Ziguinchor

Lorsqu'en 1984 j'ai assisté, au stade Demba-Diop de Dakar, à un concert monstre des Toure Kunda, je me suis senti littéralement transporté. Leur musique est certes de nature à provoquer l'enthousiasme, mais il entrait aussi dans ma manière de participer à cette immense émotion collective, que seuls peuvent créer les grands événements artistiques, la douceur de la nostalgie. J'avais le sentiment de me reconnaître dans les rythmes qui avaient saisi le stade, de retrouver en les laissant m'envahir la mémoire de mon enfance. Ces rythmes m'avaient en effet habité dans les premières années de ma vie que j'ai passées à Ziguinchor. Si chacun de nous est une certaine manière d'être en phase avec le mouvement du monde, pour moi c'est la Casamance où j'ai passé ma première enfance qui a construit mon être-au-monde sur le mode *bougarabou*, du nom de ce tambour que l'on peut considérer comme un symbole des musiques et des danses de la région.

Mes parents m'ont répété mille et une anecdotes sur mon sens précoce du rythme et mon amour de la danse. J'en retiens que je devais également en faire un étalage sans doute insupportable pour tout autre qu'eux-mêmes puisque c'était surtout au cinéma, sur la musique qui devait faire patienter le public avant le début du film, que je me donnais en spectacle. Évidemment, ils ne m'auraient jamais confié à une baby-sitter. Lorsqu'ils sortaient pour aller au cinéma, leur passe-temps favori, ils m'emmenaient en espérant qu'après m'être agité dans tous les sens avant le début de la séance je finirais par tomber de sommeil pour les laisser regarder tranquillement leur film. Je développais dans la frénésie mon intelligence cinétique du monde.

Une certaine intelligence des langues aussi. J'en ai parlé assez rapidement quatre : le wolof, le français, le diola, le créole. Le diola, langue à laquelle on identifie la région sud du Sénégal où pourtant tout le monde en parle plusieurs, est une langue que j'ai attrapée assez vite. Je regrette tant de l'avoir laissée s'échapper, plus tard, de la zone de mon cerveau où elle ne s'était pas assez profondément incrustée. Plus tard, c'est-à-dire autour de mes neuf ans, lorsque ma famille a déménagé à Dakar. Le créole portugais, qui était la langue commune de la ville de Ziguinchor, s'est aussi dissipé dans l'atmosphère de Dakar lorsque je ne l'ai plus parlé, même s'il m'en reste des bribes. Le wolof et le français me sont « langues premières » autant l'un que l'autre car les circonstances ont fait que je les ai parlés en même temps. Ces circonstances étaient d'abord que, parce que nous étions des « gens du Nord », de ces familles de fonctionnaires, souvent saint-louisiennes, que le pouvoir colonial français, puis l'État sénégalais après l'indépendance en 1960, envoyaient en poste dans les régions du pays pour travailler dans l'administration, on nous parlait, y compris à moi, assez naturellement en français. Les circonstances étaient aussi que j'ai été envoyé très tôt à l'école maternelle, chez les bonnes sœurs, ce qui ne se faisait pas beaucoup, à cette époque, pour les enfants nés comme moi juste avant l'indépendance. Toujours ce culte de l'école chez mes parents. Le résultat est que très vite j'ai parlé le français (mais aussi mes autres langues) à un niveau qui n'était pas celui de mon âge, ce qui faisait dire aux amis de ma famille : « Mais où donc Jules va-t-il chercher ses phrases ? »

« Jules », c'était moi. Je n'ai jamais entendu une explication véritablement convaincante de cette habitude d'appeler « Jules » ceux qui se prénomment « Souleymane ». La proximité phonique qui fait des « Alioune » des « Alain » peut s'entendre. Quel glissement, en revanche, de « Souleymane » à « Jules » ? Mais c'est ainsi. Toujours est-il que ce premier surnom invitait ensuite à toutes les variations. Il y avait « Julot » d'abord, bien sûr. Mais aussi « Jules César » ou simplement « César ». Pourquoi pas ? Tant qu'à s'appeler « Jules », autant se déclarer « César ». Mais puisque à l'époque je ne voyais pas qui pouvait être ce « Jules » romain, ma préférence allait à un autre grand homme, celui-là bien de chez nous : Jules-Charles Bernard, le maire de la ville de Ziguinchor !

Je ne voulais pourtant pas être maire. Mon projet était plutôt de faire comme mon père et ma mère, et de devenir un employé des PTT. Mais alors en qualité de facteur, car de tous les postiers c'était celui qui portait un uniforme. Et un képi. Avec le temps, comme mes langues diola et créole, ce rêve-là s'est dissipé, mais un de mes frères, aujourd'hui, a continué la tradition familiale de travailler pour ce qui ne s'appelle plus les PTT, mais « La Poste ».

Comme Saint-Louis, Ziguinchor est une ville historique et hybride qui fut, elle aussi, fondée d'abord comme un comptoir par le Portugal, au milieu du XVIIe siècle. La ville s'est ensuite développée comme une société métisse afro-portugaise, ce dont attestent plusieurs aspects de la culture et, bien sûr, la langue créole. Français et Anglais ne se manifesteront vraiment dans la zone qu'au XIXe siècle et la colonisation qui la rattachera, à partir de 1886, au reste du territoire sénégalais aura aussi été une entreprise de francisation de cette ville restée à bien des égards afro-portugaise.

Cette opération est passée par la politique de scolarisation qui fut mise en place assez tôt. Pour la réussir, la France laïque avait dû, comme dans d'autres cas et d'autres territoires de son empire colonial, s'appuyer sur les congrégations catholiques et leur longue tradition d'enseignement. À Ziguinchor, le soutien est venu surtout de l'ordre du Saint-Esprit et du Sacré-Cœur de Marie. Ainsi s'est développée en Casamance, à Ziguinchor en particulier, une offre scolaire proportionnellement plus importante que dans le reste du pays. En 1951, les Sœurs du Saint-Sacrement avaient ouvert un jardin d'enfants. Je serais, quelques années plus tard, un de leurs élèves[4].

Le but étant aussi d'évangéliser – et comme il n'est jamais trop tôt pour semer la bonne graine dans les jeunes âmes qui leur étaient confiées –, les bonnes sœurs s'assuraient quotidiennement que mes petits camarades et moi étions bien conscients que « Dieu est au ciel, sur la terre, partout ! », et surtout que nous saluions avec toute notre enfantine ferveur la Mère, celle « bénie entre toutes les femmes », et attendions en retour, avec confiance, qu'elle priât « pour nous, pauvres pécheurs ». Je ne sais plus, bien sûr, ce que j'ai appris au jardin d'enfants, mais l'*Ave Maria*, oui, fut, de tous les textes que j'ai appris à réciter en

4. On consultera utilement sur l'histoire de l'école en Casamance les travaux de Céline Labrune-Badiane, par exemple : « Affirmation d'une identité afro-portugaise et éducation en Casamance : fin du XIXe siècle-début du XXe siècle », in *Afrika Zamani*, n° 20-21, Dakar, Codesria, 2012-2013.

français et qui peuplent encore ma mémoire, le tout premier.

Et je ne me privais jamais, à la moindre occasion, de le réciter à mes parents ainsi que tout ce que j'apprenais des Sœurs du Saint-Sacrement. La conviction que j'y mettais les faisait sourire d'attendrissement. Comme tous les fonctionnaires musulmans qui mettaient leurs enfants à l'école des sœurs, il ne leur serait pas venu à l'esprit que la religion qu'ils transmettaient à leur progéniture courût un quelconque danger. Être à bonne école valait bien une messe. En fait, mon père savait parfaitement que, pour les musulmans aussi, la Vierge Marie dont le nom est le titre d'un chapitre du Coran est « bénie entre toutes les femmes » pour avoir offert au monde, en immaculée conception, celui que l'islam appelle l'Esprit de Dieu.

Il fallut l'arrivée d'une jeune cousine de ma mère, venue de Saint-Louis pour vivre avec nous à Ziguinchor, pour que j'apprenne que les religions pouvaient faire de leur différence un motif d'inimitié et même s'interdire mutuellement le paradis ! La cousine en question était une adolescente encore lorsqu'elle fut confiée pour son éducation à mes parents et devint ainsi membre de notre famille. Et m'entendant un jour réciter le salut à la Vierge, elle me dit que réciter les paroles des catholiques me promettait à un enfer dont le feu était des millions de fois plus intense que tous les feux de la terre combinés. Persuadée de m'avoir effrayé, elle résolut de me détourner du chemin de la perdition en m'expliquant que je devais désormais faire semblant de réciter la prière quotidienne, mais en substituant aux phrases que j'avais apprises un « seumeuleumeuleumeu » répété autant de fois que nécessaire.

J'ai dû faire comme elle disait seulement pendant la moitié de la durée d'une récitation avant que l'habitude ne reprît le dessus et que ne roulassent de ma langue les mots auxquels elle s'était bien faite. J'avais dû, comme toujours, m'ouvrir à mon père de ce qui fut mon premier cas de conscience théologique et il m'avait sans doute dit en riant de simplement continuer de faire comme j'avais l'habitude. C'est ainsi que je reconstitue le fin mot de l'histoire, avec mes bribes de souvenir et ce que je sais de l'attitude habituelle de mon père lorsqu'il s'agissait de différences religieuses.

Je retrouve ma première enfance passée à la poste du quartier Escale où nous habitions et au jardin d'enfants des Sœurs du Saint-Sacrement chaque fois que j'entends chanter une version de l'*Ave Maria*, le salut à l'universelle mère de miséricorde. Celle de Schubert, de Céline Dion ou de Beyoncé.

Les premiers textes qui se sont imprimés dans ma mémoire sont bien entendu d'abord les chapitres du Coran que j'ai appris à réciter, comme la plupart des enfants musulmans. Le livre saint de l'islam dit de lui-même, en l'un de ses versets, que sa lecture, à l'aube, a des témoins, ce que la tradition interprète en disant que les anges viennent écouter ceux qui se sont arrachés à la douceur du sommeil, avant le lever du jour, pour invoquer Dieu en répétant Sa parole. Dans ce cas, les anges ont dû prendre comme moi l'habitude d'entendre au petit matin la voix de mon père psalmodiant le livre saint des musulmans. Vers la fin de sa vie, il m'a rapporté ces mots de son propre père: «Je n'entends sans doute pas le Livre de Dieu dans son inépuisable infinité, mais j'ai avec lui une grande familiarité.» Et il avait ajouté, en souriant, qu'il comprenait maintenant ce que ces mots voulaient dire.

La tradition dans sa famille était de devenir un érudit en sciences islamiques et de cultiver une spiritualité soufie. C'est celle qu'avait suivie son père, établi comme commerçant et comme imam dans le village de Rao, à quelques kilomètres de Saint-Louis. Son grand-père maternel avait été cadi dans le Fouta avant de s'installer à Saint-Louis où il est devenu l'imam d'une des mosquées de la ville en même temps qu'un maître d'études coraniques et un guide spirituel respecté.

La voie qui devait être celle de mon père était dès lors toute tracée: la même que celle des aïeux. Il en décida autrement en combinant cette voie avec celle que devait lui ouvrir le chemin de l'école française. Il s'y inscrivit tout seul, alors qu'il avait déjà douze ans. Il vivait à cette époque dans la famille d'un ami de son père dont il portait le prénom, Ahmadou, et à qui il avait été confié pour son éducation. C'est en allant à l'école française qu'il devrait désormais, apprit-il, répondre plutôt au prénom de « Sijh », celui sous lequel on l'avait officiellement déclaré et inscrit au registre d'état civil. Il aimait à raconter la scène à la fois cocasse et émouvante de son premier jour à l'école où, s'attendant à devenir l'élève « Ahmadou », ou plutôt « Doudou » comme on le surnommait à la maison, il ne répondit pas quand l'instituteur, faisant l'appel, cria en le regardant : « Sijh ! » Le maître dut venir le trouver à sa place pour lui expliquer, alors qu'il s'obstinait d'un air boudeur à répéter qu'il s'appelait « Doudou », qu'il devait maintenant apprendre à être « Sijh ». Son prénom aurait dû s'écrire « Cheikh », graphie la plus courante en orthographe française. Mais à sa naissance le fonctionnaire colonial de l'état civil avait, avec désinvolture, retranscrit en « Sijh » ce qu'il avait entendu prononcer, écrivant « jh » ce qui devait s'exprimer comme la jota espagnole. Mon père s'était très vite fait, par la suite, à son identité comme « Sijh » et lorsque, bien des années plus tard, je lui ai annoncé, à la naissance de mon fils, que nous comptions lui donner son prénom, il nous a demandé d'un air timide, à ma femme et moi, si nous voulions bien garder pour l'aîné de ses petits-enfants aussi cette orthographe spéciale qu'avait décidée l'état civil colonial.

Sijh aimait les livres, tous les livres, religieux surtout, en arabe ou en français, mais aussi romans, poésie, philosophie, « occidentale » ou islamique. C'était, je l'ai dit, un boulimique de la lecture qui croyait fermement que le savoir est un, et qu'il n'y a aucun sens à le distinguer artificiellement en profane et sacré, ni, encore plus absurdement, en « islamique » et en « occidental ». Sijh pouvait facilement passer de la lecture du théologien et maître du soufisme Al Ghazali à celle du *Diable et le bon Dieu* de Jean-Paul Sartre. Sijh était donc fonctionnaire des Postes mais sa vraie vie était celle à laquelle l'avait d'abord destiné la culture familiale et qu'il retrouvait après son travail, lorsque ses amis venaient le voir pour discuter théologie et commenter le Coran. Dans les vingt-cinq dernières années de sa vie, c'était son activité de tous les jours. Il répétait, en ses termes propres et avec l'esprit moderniste qui a toujours été le sien, ce qui constituait la responsabilité et le rôle de son grand-père et de son père avant lui : explorer l'herméneutique islamique avec ceux qui venaient s'instruire en sa compagnie.

Avec lui j'ai commencé à réciter mes premiers versets, mais c'est à l'école coranique où mes parents m'avaient inscrit en même temps qu'à l'école maternelle dite « française » que mon apprentissage de la lecture du livre saint de l'islam s'est fait de manière systématique. C'est donc à Ziguinchor, lorsque mon père était le receveur de la poste du quartier Escale où travaillait également ma mère, que j'ai d'abord appris à déchiffrer les lettres de l'alphabet latin en même temps que celles de l'alphabet arabe. Que j'ai commencé de faire l'expérience de l'unité profonde qui parcourt chapitres et versets comme un lien organique se manifestant à qui psalmodie le livre, même s'il n'en comprend pas le sens. C'est plus tard que j'ai appris à réfléchir à la signification du texte, et que les commentaires que j'ai entendus de mon père, au fil des ans, ainsi que les lectures vers lesquelles il m'orientait dans la riche bibliothèque qui était la sienne, m'ont enseigné à tracer, dans le livre des musulmans, certains parcours…

L'épisode avec la jeune cousine de ma mère qui voulait m'interdire de dire l'*Ave Maria* m'avait révélé que la différence religieuse pouvait créer querelle. Un autre épisode devait me l'apprendre de manière autrement plus dramatique. Il s'agit d'une histoire de conversion dont j'avais gardé des bribes de souvenir et que ma mère m'a permis de reconstituer. Elle concernait la conversion manquée à l'islam d'Alexis, un adolescent que mes parents avaient engagé pour être un frère aîné et dont la tâche consistait, pour l'essentiel, à m'accompagner à vélo à l'école, coranique et française. Son prénom indiquait une conversion au christianisme, mais la réalité était que sa famille et lui-même étaient surtout restés ancrés dans la religion traditionnelle du terroir. À l'école coranique, Alexis avait pris l'habitude de m'attendre, assis par terre avec les autres enfants et moi, pendant que nous récitions nos versets du jour. Il me ramenait ensuite à la maison. C'est dans cette posture qu'un jour quelqu'un de son village, monté à Ziguinchor, l'aperçut. Cet homme s'empressa, à son retour, de le dénoncer à son père, accusant Alexis de s'être converti à l'islam et de s'être mis à étudier les Écritures musulmanes.

Quand elle évoque cette histoire, ma mère se souvient surtout de l'état de totale panique dans lequel une lettre que son père lui avait fait envoyer avait mis Alexis. Comme pour ajouter à son caractère sinistre, l'écrivain public à qui elle avait été dictée au village avait utilisé une encre rouge. Alexis était sommé de retourner immédiatement auprès de ses parents et de s'expliquer sur sa conduite. Sinon, avait-il assuré, terrifié, à mes parents, « ils peuvent me jeter toutes sortes de sorts ». Et c'est ainsi qu'il nous a quittés et qu'il est reparti dans son village avec de nombreux cadeaux de mes parents ainsi qu'une lettre dans laquelle mon père expliquait aux siens qu'Alexis n'avait fait que me conduire à l'école coranique et qu'il n'avait jamais été question pour lui de devenir musulman.

En fait, c'était là un pieux mensonge car il en avait bien été question, en effet, et il y avait quelque vérité dans ce que l'on avait rapporté à la famille d'Alexis. Il n'avait certes jamais demandé expressément à se convertir, mais il y pensait parfois, ainsi qu'il l'avait confié à mon père. Celui-ci n'a jamais eu la fibre prosélyte et n'aurait jamais proposé au jeune homme de devenir musulman. C'était Alexis lui-même qui disait avec la candeur et la naïveté de son âge qu'il voyait dans l'islam un moyen de devenir lui aussi un « patron », comme ces fonctionnaires venus du Nord et dont c'était la religion.

Bien des années plus tard, Alexis est passé saluer mes parents à Dakar où nous habitions alors. Son père était mort et il pouvait désormais devenir musulman – sans aucun doute pour bien d'autres raisons que celles qu'il s'était données quand il n'était qu'un adolescent.

Cette histoire de la fausse conversion d'Alexis, pour ce que je pouvais en comprendre à l'époque, m'avait bouleversé. D'abord j'avais bien senti, à la grande agitation des adultes, que quelque chose d'énorme était en jeu, deuxièmement je perdais mon grand frère et compagnon de jeux. Ce que j'en ai su plus précisément par la suite, d'après les récits que m'en ont faits mes parents, m'a fasciné. J'ai d'ailleurs raconté l'histoire dans une contribution à un ouvrage collectif paru en 2012 et consacré à la notion de « foi »[5]. Cet ouvrage réunit les présentations faites dans un atelier qui s'est tenu à Londres sur ce thème en 2009, à l'initiative du philosophe marocain Abdou Filali-Ansari lorsqu'il dirigeait dans la capitale britannique l'Institut des civilisations musulmanes créé par l'Aga Khan, et en hommage au penseur d'un islam des Lumières qu'était Mohamed

5. Souleymane Bachir Diagne, « Coming to Believe : The (Elusive) Time of Conversion », *in* Abdou Filali-Ansari et Aziz Esmail (dir.), *Construction of Belief. Reflections on the Thought of Mohamed Arkoun*, Londres, Saqi Books and Aga Khan University, 2012.

Arkoun. Ce dernier devait mourir quelques mois seulement après cette rencontre.

Dans ma réflexion sur la philosophie de cet étrange événement qu'est une conversion religieuse, j'ai évoqué l'histoire d'Alexis d'abord pour la signification qu'elle donnait à la foi comme inquiétude et mouvement continu. J'indiquais que, lorsque le Coran condamne ceux qui refusent son message en disant : « Nous avons trouvé nos pères fidèles à une voie. Sur leurs traces nous nous réglons » (43 : 23), cette voie n'est pas seulement inscrite dans les cosmologies préislamiques. Ce qu'il faut en retenir est que la vraie fidélité est dans un mouvement continu pour sortir de la répétition et de l'imitation des pères : la religion est une réalité vivante, dynamique, et les croyants sont toujours dans le mouvement de s'y convertir. Que la vérité de la religion est d'être toujours mouvement de sortie de l'enfermement, de la pétrification dans la compréhension qu'en ont les pères est une notion qui revient souvent dans mes écrits, en particulier lorsque je parle de « mes » auteurs : Bergson et Iqbal.

L'histoire d'Alexis me permettait aussi d'examiner le concept de sincérité dans la conversion. Qui peut dire que, dans sa délibération et même dans son idée d'enfant que devenir musulman pouvait aider la carrière, il n'y avait pas autant de sincérité que chez ceux qui basculent dans la religion sur un coup de foudre ? Faut-il regarder avec scepticisme ceux qui se convertissent, par exemple pour pouvoir épouser la personne aimée ? Nul n'a le droit de dire à un autre « Tu n'es pas croyant », nul n'a le droit d'interroger la sincérité d'une conversion : même dans ce qui présente toutes les apparences d'un calcul, il faut faire droit à ce que le Coran appelle la « ruse de Dieu », qui peut transformer les mauvaises ou les fausses raisons de se convertir en la faveur divine de la foi. La conversion reste une opération mystérieuse qui ne peut pas se penser comme la conclusion nécessaire de prémisses établies. En ce sens, le croyant est celui qui est continuellement en train de l'accomplir.

C'est à Ziguinchor que j'ai connu ma première célébration, le 4 avril, de la fête d'un Sénégal indépendant. J'ai la vague image d'enfants debout au bord de la route agitant des drapelets aux couleurs de notre pays. Mais évidemment, comme toutes celles de mon enfance casamançaise, cette image est aussi faite de la reconstitution que j'en ai élaborée avec les souvenirs et les récits de mes parents. C'est à Ziguinchor également que j'ai appris que la vie n'était pas « un long fleuve tranquille » et qu'il arrive que d'un moment à l'autre la terre se dérobe sous nos pieds et que survienne le malheur. Cette amère leçon me fut administrée par la mort de mon petit frère, que l'on surnommait « Vieux ». Vieux était d'un an et quelque plus jeune que ma petite sœur qui en avait quatre de moins que moi. Un des tout premiers mots qu'il avait appris à dire était « Djî », sa manière à lui de m'appeler « Jules ». Dès qu'il sut marcher et dire quelques mots, son jeu favori fut d'essayer de me surprendre en criant : « Djî, me voici ! »

Un jour, Vieux tomba malade et dut être transporté à Dakar. Pendant quelques jours, en l'absence de mes parents, je fus confié à mon oncle maternel, qui lui aussi vivait alors à Ziguinchor où il était fonctionnaire des contributions directes. Quand mon père revint seul, je sentis que les choses n'allaient plus retrouver leur cours normal. Il faisait mille efforts pour trouver la manière d'expliquer à l'enfant que j'étais que Vieux n'allait pas revenir et que personne ne m'appellerait plus jamais « Djî ». Je ne sais pas aujourd'hui ce qui me terrifia le plus alors. Sans doute de voir pour la première fois sur le visage de mon père que ce n'était pas seulement les enfants qui pleuraient. Et de ne pas comprendre ce qu'il voulait dire quand il me demandait, en français, d'être « plus brave que mon père ». Que Vieux ait été très malade au point que sa maladie devenait la « mort », je croyais comprendre. Mais pourquoi il n'allait pas revenir pour que nous reprenions nos jeux, cela je ne le comprenais pas.

Lorsque mon père est mort en mars 2001, je venais la veille de prendre l'avion pour Chicago où je devais pendant un trimestre tenir un cours de philosophie. À peine arrivé à destination, je dus donc rebrousser chemin. On m'a beaucoup dit, par la suite, que mon père, par amour pour moi, avait attendu que je m'éloigne pour quitter ce monde. Et rapporté qu'il avait essayé de me rattraper après notre au revoir et alors qu'il avait déjà prié pour moi. Il voulait me confier encore quelque chose. Mais j'étais déjà dans la voiture vers l'aéroport.

Ce qu'il voulait me dire, je le sais. Il me l'avait dit quand Vieux était mort. Dans l'avion du retour à Chicago, après une semaine de deuil, dans la profonde solitude où l'on se retrouve lorsque autour de soi les autres voyageurs se sont assoupis, je me suis répété qu'était venu pour moi le temps d'apprendre à être plus brave que mon père.

Dakar, Sicap

Le monde une fois sorti de la Seconde Guerre mondiale, il est devenu de plus en plus évident que le système colonial tel qu'il avait existé jusque-là était condamné. Les peuples colonisés qui avaient payé le prix du sang pour la liberté en combattant nazisme et fascisme n'accepteraient pas que la domination impériale reprît et continuât comme avant. Bientôt les indépendances indienne et pakistanaise allaient annoncer l'ébranlement des décolonisations.

Pour sauver le système colonial, si cela pouvait encore se faire, il fallait le refonder sur de nouvelles bases. La conférence de Brazzaville organisée par de Gaulle en 1944 était la reconnaissance qu'il fallait réaménager le colonialisme français. Sur le plan intellectuel, dans l'immédiat après-guerre, le révérend père Placide Tempels avait publié un livre – qui fit du bruit –

sur la philosophie bantoue, conjurant l'administration coloniale belge d'apprendre à connaître les populations placées sous sa tutelle en comprenant les principes philosophiques qui sont au fondement de leurs visions du monde, de leurs langages, de leur religion, de leurs arts ou de leurs institutions… Afin de mieux les gouverner, il fallait désormais leur prêter attention.

Il fallait en particulier, disait le philosophe belge, se pencher sur cette catégorie sociale créée par le système et qui représentait le plus grand danger pour sa perpétuation : celle des *évolués*, comme l'on disait en langue ethnologique, c'est-à-dire de ceux-là qui avec une certaine instruction avaient développé un désir de modernité en même temps qu'ils manifestaient un refus de la domination coloniale – refus qui s'affirmait et s'organisait de plus en plus. Ces gens qui ne vivaient plus tout à fait dans leur monde traditionnel, mais qui ne pouvaient pas entrer et s'établir dans le monde européen, portaient le trouble et le désordre dans leur être même. Ils étaient pourtant, majoritairement, les fonctionnaires locaux dont le travail était nécessaire à l'administration de la colonie. Il devenait donc urgent d'encadrer les « évolués ».

Pour cela il fallait leur définir un cadre de vie : en bonne logique mécanique on pouvait penser que les loger dans les maisons et les quartiers qui convenaient agirait sur leur mentalité, tout en garantissant qu'ils seraient gouvernables. Jusque-là, urbaniser la ville de

Dakar, qui grossissait d'année en année, consistait à aménager au mieux la ville européenne, le Plateau, en la séparant par un « cordon sanitaire » de la ville indigène, la Médina, où se pressait la population autochtone. Le premier court-métrage d'Ousmane Sembène, *Borom Sarret*, raconte ainsi comment fut puni par la saisie de son attelage le charretier qui pour transporter un « évolué », lequel avait dû beaucoup insister, avait osé franchir ce cordon invisible qui protégeait le « Plateau » des intrusions et des contagions indigènes. L'apartheid est au fondement de la culture coloniale.

L'emblème de cette nouvelle philosophie d'aménagement des villes coloniales et d'investissement dans le logement des Africains fut la Société immobilière du Cap-Vert, la Sicap, créée cinq ans après la guerre, avec mission de développer une politique d'accès à la propriété bâtie pour des populations ayant un certain degré d'européanisation, souvent des agents de l'administration[6]. La Sicap sut fournir, à la vitesse d'un quartier par an, des villas conçues pour formater les indigènes dans des familles idéalement monogames avec deux ou trois enfants. Les quartiers de la Sicap naquirent ainsi l'un après l'autre, portant les noms poé-

6. Sur la politique d'aménagement urbain après la guerre et la Sicap, on pourra lire Luce Beeckmans, « The "Development Syndrome" : Building and Contesting the Sicap Housing Schemes in French Dakar (1951-1960) », *Canadian Journal of African Studies / Revue canadienne des études africaines*, 51 : 3, 2017.

tiques de Sicap Karack, Sicap Liberté, Sicap Baobab, Sicap Dieuppeul...

C'est dans le quartier de Dieuppeul I que j'ai passé la seconde période de mon enfance et l'essentiel de mon adolescence, lorsque mes parents ont quitté Ziguinchor pour un poste à Dakar. C'est tout naturellement qu'ils prirent en location-vente une villa dans une Sicap, tout naturellement aussi que ce fut à Dieuppeul I : mon arrière-grand-mère, la matriarche, y avait déjà élu domicile. Lorsque ma tante avait quitté Saint-Louis pour s'installer avec mari et enfants à Dakar, le reste du clan avait déménagé aussi. Avec sa pension de veuve de guerre, la matriarche avait acheté une maison de la Sicap pour y loger son monde. Et convaincu mes parents d'en prendre aussi une, à une centaine de mètres de chez elle.

Il y a une culture sicapoise faite d'un mélange de populations qui avaient en commun d'être relativement privilégiées car elles pouvaient se permettre de vivre dans des quartiers dont l'administration coloniale, prolongée en cela par celle du Sénégal indépendant, avait estimé qu'ils convenaient à une catégorie sociale recherchant, selon le langage qui fut employé, un habitat « conforme à ses désirs d'évolution ». Bien entendu, les habitants des Sicap se sont progressivement émancipés des formats que la société immobilière leur avait d'abord imposés. Cassant un mur ici, ajoutant une pièce là, construisant bientôt, lorsque les restrictions furent levées, des étages, ils plièrent les cadres à leur propre sens de la modernité urbaine qu'ils se proposaient d'inventer.

Les populations dont le brassage a constitué la culture de la Sicap venaient d'horizons différents. De toutes les régions du Sénégal bien sûr, mais aussi de tout l'Ouest africain français, puisque de nombreux fonctionnaires et cadres d'autres territoires de l'Afrique dite « occidentale française » étaient venus s'installer dans la capitale impériale qu'était Dakar, puis avaient choisi d'y rester après les indépendances ; il y avait également une importante population d'origine capverdienne dont la langue, la musique, la cuisine, la religion catholique sont des composantes essentielles de ce qui fait les Sicap ; et les familles issues de mariages entre soldats sénégalais ayant pris part aux guerres d'Indochine et femmes vietnamiennes ont contribué à faire des nems un plat sénégalais au même titre que le yassa. L'écrivaine et cinéaste Laurence Gavron, elle-même française et sénégalaise, a su recueillir, dans les documentaires qu'elle a consacrés à la vie et la culture métisses des Sicap, ce qui en fait l'esprit[7].

Les Sicap où ont grandi ceux qui comme moi sont nés dans les années de l'indépendance, c'était la mosquée de Dieuppeul à un jet de pierre de l'église des Martyrs de l'Ouganda. C'était les espaces non bâtis que

7. Voir Laurence Gavron, *Saudade à Dakar* (2005) et *Si loin du Vietnam* (2015), Mbokki Mbaar Productions.

nous avons, hélas, vite fait de transformer en terrains de football, saccageant au passage les jolis petits jardins gazonnés que la société Jardiparc avait aménagés pour agrémenter notre cadre de vie : nous avons ainsi, *maxima culpa*, été d'insouciants Attila pour les espaces verts que nous n'avons pas su habiter comme il fallait. Les Sicap, c'était l'école Dieuppeul où j'ai terminé une scolarité primaire commencée à Ziguinchor, c'était nos « boums », nos nuits blanches… Ce sont mes amis d'enfance dont certains ne sont plus, ceux et celles pour qui je reste « Jules ».

En 1966, dans ma dixième année, avec mes tout premiers diplômes – certificat d'études et entrée en sixième –, j'ai quitté l'école primaire de Dieuppeul pour le lycée de ce quartier du Plateau, situé pour moi à l'autre bout de Dakar : le fameux lycée Van-Vollenhoven où entre autres célébrités Léopold Sédar Senghor avait eu son baccalauréat. Bien loin de la Sicap Dieuppeul où nous vivions, à près d'une heure de bus alors. Le lycée Blaise-Diagne aurait été bien plus proche. Mais voilà : le lycée Van-Vollenhoven sélectionnait à cette époque les élèves les mieux classés au concours d'entrée en sixième et j'avais eu un très bon rang. Ce fut donc pour moi Van-Vo, comme nous l'appelions. Je ne pense pas que les jeunes Français qui se retrouvaient avec nous élèves du même établissement étaient, quant à eux, choisis selon le même critère : Van-Vo était le lycée de leur quartier et la proximité les inscrivait d'emblée, alors que nous devions, nous autres Sénégalais, faire la preuve d'un mérite supérieur pour avoir le privilège de traverser la ville et aller étudier en leur compagnie. Un reste de situation coloniale…

Cela dit, quelles que fussent les circonstances qui nous avaient menés à nous retrouver comme condisciples, nous avons partagé dans la convivialité nos années Van-Vo. Nos classes se composaient pour un tiers de Français, pour un tiers de Sénégalais et pour un tiers de camarades dont les familles étaient venues, depuis plus ou moins longtemps, du Liban ou de la Syrie. Car ces derniers habitaient aussi le Plateau et, si beaucoup d'entre eux étaient français, ils étaient également nombreux à avoir la nationalité sénégalaise. De toute façon ils parlaient wolof et cela faisait d'eux des « boys Dakar », comme nous qui venions de la Médina, des quartiers du Grand Dakar ou des Sicap.

Malgré tout, lorsque nous quittions le lycée, c'était généralement pour retourner vivre dans des mondes différents. Je ne voyais pas nos camarades français venir nous retrouver les week-ends dans nos Sicap pour jouer au foot ou simplement tuer le temps entre amis en buvant force verres de thé. Leurs parents les conduisaient plutôt au tennis. C'est en France, au lycée Louis-le-Grand, que je me suis fait des amis français que j'ai toujours.

À peu près tout le corps enseignant ainsi que l'administration, durant les années que j'ai passées au lycée

Van-Vollenhoven, étaient fournis par la coopération française. Nous n'avons pas été peu fiers de voir arriver au fil des ans quelques enseignants sénégalais, dont un professeur de mathématiques dont nous avons vite fait une légende et un professeur d'espagnol qui devint le proviseur du lycée durant ma terminale.

Nous qui nous sommes retrouvés dans les petites classes à Van-Vo, donc dans la partie dite du petit lycée, avons vécu, sans vraiment y participer étant donné notre âge, le plus grand événement de nos jeunes existences que fut le mouvement de Mai 68. Du Mai dakarois[8] nous avons inhalé l'odeur des gaz lacrymogènes, mais c'est à peu près tout. L'action était conduite par nos aînés, élèves des grandes classes. Mais d'en avoir respiré l'atmosphère nous avait enivrés de la promesse de la Révolution à venir et nous avait appris à vouer le président Senghor aux gémonies.

En même temps nous étions ses enfants. Le fruit de sa politique éducative, dont le lycée Van-Vo offrait un modèle reposant sur la sélection et l'appui de la coopération française. Tout naturellement, nous reflétions cette méritocratie scolaire qui ne correspondait pas aux idéaux politiques dans lesquels nous apprenions à nous reconnaître. Les années Van-Vo furent ainsi des

8. Sur le Mai dakarois on consultera utilement Françoise Blum, *Révolutions africaines. Congo, Sénégal, Madagascar, années 1960-1970*, Rennes, Presses universitaires de Rennes, 2014.

années rythmées par les réussites scolaires, les distributions de prix de fin d'année, de concours général...

Elles furent particulièrement marquées par la personnalité d'une élève, Rose Dieng, qui devait donner au Sénégal sa première polytechnicienne et sa première médaille du CNRS. Elle n'était pas seulement une intelligence que tous admiraient, elle était aussi une personnalité que nous aimions.

J'ai eu l'heureuse surprise, il y a peu, de découvrir que Nantes avait donné le nom de « Rose Dieng-Kuntz » à une voie de la ville, dans le quartier de la Chantrerie. Pourtant Rose n'avait aucun lien particulier avec Nantes. Simplement, la décision avait été prise, pour baptiser les rues de ce quartier des grandes écoles de la ville, de choisir des noms de scientifiques en faisant une place importante aux femmes. C'est ainsi que Rose a trouvé la sienne en compagnie de Sophie Germain, Sébastienne Guyot ou Marie-Antoinette Tonnelat...

Donc la ville de Nantes célèbre aujourd'hui la mémoire de Rose Dieng-Kuntz et celle de Léopold Sédar Senghor dont un pont porte le nom. Qui sait si par les nuits de pleine lune les âmes de nos deux Sénégalais ne viennent pas à Nantes, aimantées par les plaques où sont inscrits leurs noms, s'asseoir dans une des salles du palais des ducs de Bretagne, et sourire ensemble de se retrouver ainsi au bord de la Loire ?

Mes années Van-Vo ont été marquées à la fin par l'événement que fut ma première rencontre avec le président Senghor. C'était en 1972, durant la cérémonie du concours général, un rituel dont il avait fait un moment important du calendrier national : en me serrant la main le chef de l'État prit le temps de m'adresser quelques mots de compliment pour avoir obtenu des prix dans les humanités, en grec et latin en particulier, tout en suivant une filière scientifique – la série C à l'époque, devenue aujourd'hui S. Je devais revoir le président Senghor pour la deuxième fois lorsqu'il m'invita à son bureau pour me féliciter encore, cette fois d'avoir été admis au concours de l'École normale. Il prit le temps de me recevoir longuement et de transformer cette audience en une conversation amicale. Il avait envie d'évoquer ses propres souvenirs de khâgneux au lycée Louis-le-Grand, de parler de ses amis, Aimé Césaire bien sûr mais aussi Georges Pompidou et le professeur Bousquet, à cette date directeur de l'ENS. Il voulait s'assurer que je ne manquerais de rien et que je profiterais pleinement de la vie de normalien.

Vers la fin de ma visite, le président Senghor me demanda si j'avais déjà réfléchi à un sujet de thèse. Je n'avais alors rien de bien précis en tête. Il me parla de saint Augustin. On ne sait pas assez à quel point l'auteur de *La Cité de Dieu* était africain, me dit-il, et ce que son africanité a apporté à la pensée chrétienne, en lui faisant retrouver, sous l'ontologie statique et rationaliste de l'aristotélisme, le sens primordial du « Logos ».

Je n'avais pas beaucoup lu l'œuvre philosophique de Senghor à cette époque. Je connaissais surtout sa poésie pour en avoir appris par cœur, comme beaucoup sur les bancs de l'école, de nombreux vers. J'avais d'ailleurs présenté, à l'oral du bac de français, son poème sur le « jardin du Luxembourg ». J'ai sans doute trouvé l'occasion de glisser ce fait dans la conversation. À propos de son intérêt pour saint Augustin, j'en connaissais quand même assez sur la pensée du président Senghor pour voir ce qu'il voulait dire en opposant à la logique aristotélicienne de l'attribution de prédicats à un sujet immobile, demeurant la même substance sous les changements qui lui arrivent de l'extérieur, une ontologie dynamique où le mouvement, le devenir, est premier. « Si vous aviez été catholique, me dit alors le président Senghor, je vous aurais suggéré de penser, pour une future thèse, à un travail sur saint Augustin l'Africain. » Je lui répondis que je n'avais pas besoin d'être chrétien pour me sentir, moi aussi, profondément remué, *é-mu* comme il aurait dit, par les *Confessions* de celui qui déclarait, comme auraient pu dire aussi les soufis dont la lecture m'était pain quotidien : « Mon cœur est sans repos jusqu'à ce qu'il repose en toi. » J'ajoutai que pour moi aussi la religion, toutes les religions, ne se révélaient dans leur vérité que lorsqu'elles étaient comprises comme inquiétude permanente et non certitude de gens installés.

Ma longue conversation de ce jour-là avec le président Senghor serait suivie de beaucoup d'autres, car après qu'il eut quitté le pouvoir et la politique il me reçut souvent, toujours avec la même gentillesse. D'abord chez lui à Dakar, dans sa villa des « Dents de la mer » sur la corniche, durant les années où il revenait encore régulièrement au Sénégal. C'est là qu'un jour il me présenta sa collection d'œuvres d'art et m'expliqua, concrètement, ce qu'était le « parallélisme asymétrique » dont il avait si souvent déclaré qu'il était un trait caractéristique de l'art africain. Quand il n'est plus revenu à Dakar parce que son état de santé le retenait désormais en France, entre l'Académie où il siégeait parmi les Immortels et sa maison de Verson en Normandie, c'est à son bureau parisien du square Tocqueville que je lui rendais visite.

Pendant toutes ces années où il m'a honoré d'une amitié que je lui rendais bien, jusqu'à son retrait définitif et le confinement à Verson auquel le contraignait le grand âge, je n'ai pas cessé de me considérer antisenghorien en philosophie et en politique. Au socialisme africain comme traduction politique de la négritude, je préférais décidément le socialisme scientifique tel que le donnait à penser mon maître Louis Althusser.

Bien plus tard, d'avoir remonté la source bergsonienne de sa pensée m'a amené à vraiment lire l'œuvre théorique de Léopold Sédar Senghor et à mettre en lumière sa convergence avec un autre bergsonien, poète également et philosophe : l'Indien Mohamed Iqbal. Nos conversations sur le « Logos » et sur le parallélisme asymétrique ont alors trouvé leur chemin dans mon travail.

La dernière de mes années Van-Vo marqua ma rencontre avec la philosophie, discipline qui allait devenir ma passion et mon métier. À vrai dire je n'avais jamais cessé de vivre en philosophie avec un père comme le mien qui lui-même passait son temps entouré de livres. Dans sa bibliothèque j'avais découvert aussi bien Sartre, Nietzsche, Camus, des auteurs auxquels il aimait revenir après avoir médité tel ou tel commentaire du Coran, que les poèmes de Cheikh Ahmadou Bamba ou les écrits mystiques d'Abd al Qadir Al Djilani.

Entre ma seconde et ma terminale je m'étais nourri en particulier de Sartre : son théâtre, ses romans, certains des articles des *Situations*. J'avais ouvert de temps en temps *L'Être et le Néant* pour lire un paragraphe ici ou là. Intimidé bien sûr, et aussi fasciné. D'abord par ce que je savais du personnage : j'aimais que Sartre fût un tiers-mondiste et un rebelle.

Le désir de philosophie m'habitait, attisé par mon professeur de terminale dans cette discipline. Mais si j'aimais la philosophie et si rien ne me donnait autant de plaisir que de traduire du latin ou du grec, je me répétais que l'avenir était aux carrières dans les sciences dites dures plutôt que dans celles qu'un de mes amis aime appeler, par différence : « subtiles ».

Quand il fut convenu qu'après mon baccalauréat j'allais continuer mes études supérieures en France, je fus heureux qu'un entretien avec le jury qui sélectionnait des élèves souhaitant entrer à l'Institut national des sciences appliquées de Lyon m'ait permis d'être admis dans cette grande école. Je fus également heureux que, à la vue sans doute de mon profil de latiniste et d'helléniste en herbe, le lycée Louis-le-Grand ait offert de m'accueillir en hypokhâgne. Il ne me restait plus qu'à me poser la question contenue dans le fameux vers d'Ausone : « Quel chemin suivrai-je dans la vie ? »

Paris

J'ai eu dix-huit ans à Paris. Le matin de septembre de l'an 1973 où j'ai débarqué à l'aéroport ne marquait pas mon premier voyage dans la capitale française. Deux ans auparavant, pendant les vacances d'hiver, j'avais fait partie d'une colonie de vacances organisée par la coopération française, offrant à des élèves venus de France et du Sénégal l'occasion de voyager ensemble à la découverte des deux pays. C'est l'étape parisienne qui avait été le clou de cette tournée, mon premier voyage hors du Sénégal.

Cette fois il ne s'agissait plus de vacances. Mais de m'établir, pour Dieu sait combien de temps, en France comme étudiant. Évidemment, la veille de mon départ encore, ma mère m'avait demandé si après tout ce ne serait pas un bon plan pour moi de simplement commencer des études de mathématiques à l'université de Dakar – traduire : à côté d'elle –, et l'on verrait plus tard.

La France attendrait. Elle ne croyait bien sûr pas elle-même à ce qu'elle disait là. Il y avait toujours la possibilité que j'aille à Lyon, au lieu de rester à Paris. Mais puisque le lycée Louis-le-Grand faisait sa rentrée plus tôt, en septembre, il fut convenu que j'irais là, dans un premier temps tout au moins.

Surtout, il était plus rassurant pour ma famille de savoir qu'à Paris je serais accueilli par un cousin qui y vivait depuis quelques années déjà, travaillant à une thèse d'archéologie. Je m'installerais donc quelques jours avec lui, en résidence universitaire à Cachan, en attendant le moment de rejoindre l'internat du lycée Louis-le-Grand et de commencer à vivre, sans tutelle familiale, ma vie parisienne.

Parisienne ou lyonnaise ? Entre hypokhâgne et philosophie à Louis-le-Grand, et Insa de Lyon en vue d'une carrière d'ingénieur, je me trouvais dans une indécision totale, placé que j'étais devant la première grande fourche de ma jeune existence. Terrible système où un adolescent venant d'avoir le bac devait prétendre savoir ce qu'il ferait de sa vie, académique puis professionnelle. Quand j'ai découvert plus tard le système américain où l'on peut se donner un an et demi en étudiant ce que l'on veut avant de choisir un *major*, j'ai pensé qu'il était, sur ce plan au moins, bien meilleur que le nôtre.

Un jour j'avais décidé que ce serait Lyon-maths et le lendemain je me disais, avec autant de conviction, ça y est, je reste à Louis-le-Grand-philo.

Je n'en dormais plus. Et donc mes parents non plus. Au bout de quelques jours de ce constant branlement, sans rien dire à personne, mon père prit sa plus belle plume et écrivit au proviseur du lycée Louis-le-Grand. C'est seulement lorsque j'ai été convoqué à son bureau que j'ai su que Sijh s'était adressé à lui en lui demandant, « comme un père à un autre père », de bien vouloir me parler et me donner conseil. Sans doute touché par ces mots, le proviseur, avec beaucoup de gentillesse, prit le temps de me recevoir, d'envisager avec moi la possibilité de me transférer en mathématiques, avant de me dire finalement qu'il me voyait plutôt entrer à Normale sup si je décidais de rester où j'étais déjà.

Bien sûr qu'il ne me *voyait* pas entrer rue d'Ulm. Il m'avait simplement un peu menti. Comme un père. Personne ne pouvait être sûr de rien dans un système finalement assez cruel où l'on met ensemble des gamins et des gamines, tous jusque-là des premiers de classe, des forts en thème aux bras toujours chargés de prix d'excellence, pour leur faire vivre cette vérité qu'il fallait que les premiers apprissent à être les derniers. Avant de réaliser la prophétie de mon cher proviseur, j'ai dû apprendre, avec mes camarades, à vivre cette vérité.

Ce que fut pour moi le grand choc culturel provoqué par mon installation à Louis-le-Grand et à l'internat ? En fait, je n'ai ressenti rien de tel ou alors le choc attendu fut si amorti qu'il n'est pas remonté dans ma conscience jusqu'au stade de l'aperception. La principale raison en est que le choc était partagé, divisé, pour ainsi dire, entre nous tous qui devions nous faire à une autre vie, et nous faire les uns aux autres. Celui qui venait de sa province devait tout autant que moi s'ajuster. Sans compter que le lycée était très international. Bref, nous étions tous étrangers à ce nouveau monde, même les Parisiens.

On ne pouvait pas imaginer plus international que le premier élève que j'ai connu à Louis-le-Grand, et avec qui je me suis lié d'amitié. Nous nous étions retrouvés tous les deux installés provisoirement à l'infirmerie du lycée en attendant que des places se libèrent dans les boxes qu'étaient alors les dortoirs. Les présentations faites, j'appris alors que mon voisin était d'origine iranienne, de nationalité nigérienne et qu'il arrivait de son lycée de Niamey. Très vite je devais découvrir avec lui une religion dont je ne savais rien jusqu'alors. Supposant qu'il était musulman, à l'heure de faire la prière je l'avais invité à se joindre à moi. Il déclina en souriant. Je regrettai de lui avoir proposé, mais je ne pouvais pas faire autrement puisque la prière doit s'effectuer en commun dès lors que l'on n'est pas seul. Peut-être était-il athée ? Il me vint à l'esprit qu'étant probablement chiite il ne souhaitait pas suivre dans sa prière le sunnite que j'étais. Je me dis alors, en terminant mes génuflexions, que je lui préciserais que j'entendais bien le laisser guider la prière la prochaine fois s'il le souhaitait.

C'est alors qu'il m'expliqua qu'il était bahaï. Devant mon ignorance totale de ce mot que j'entendais pour la première fois, il me parla de cette religion née des flancs de l'islam en terre persane et dont les adeptes étaient persécutés en Iran. L'explication en était bien sûr que la foi bahaïe mettait en cause le dogme selon lequel la prophétie avait été scellée avec la révélation du Coran au prophète de l'islam.

Les parents de mon voisin avaient quitté l'Iran et s'étaient faits les pionniers de la foi bahaïe en Afrique, au Niger, où ils s'étaient installés. Lui aussi était un pionnier dans l'âme. Je devais vite me rendre compte que toute heure passée à parler de choses et d'autres sans évoquer Dieu, les religions et les principes bahaïs était pour lui une heure perdue. Durant les longues conversations que nous avons eues après notre rencontre à l'infirmerie de Louis-le-Grand (et que nous continuons d'avoir encore aujourd'hui chaque fois que nous nous retrouvons), je me familiarisais avec cette religion dont je voyais quel zèle, quelle passion elle inspirait à mon camarade.

Je lui disais que j'admirais l'idéalisme cosmopolite d'une foi qui déclare que la Terre n'est qu'un seul pays dont tous les hommes sont des citoyens. Je ne manquais pas cependant de souligner qu'il me semblait contradictoire de vouloir qu'une religion s'assignât la mission de réaliser l'unité de toutes les religions en venant elle-même s'ajouter à leur multiplicité. Je voyais dans cet idéalisme de la synthèse la notion que le pluriel en soi est un problème auquel doit répondre la volonté de faire un.

Il m'apparaissait également que le principe mis en avant par la foi bahaïe d'un accord entre la religion et la science était certainement bienvenu, mais qu'une proposition demandant un tel accord n'avait pas de contenu précis. Il vaut mieux s'en tenir au sage propos de Galilée, rappelant à ceux qui ont cru devoir le condamner que le livre de Dieu dit comment aller au ciel et non comment sont les cieux.

Ces conversations théologiques à l'infini, je les avais avec mon ami bahaï et un autre ami commun, un Juif venu du Maroc pour faire aussi une « prépa » en maths à Louis-le-Grand. Avec eux je vivais dans mon cercle abrahamique.

Je vivais également dans un autre cercle d'amis, des camarades de khâgne ceux-là, c'est-à-dire en lettres. S'il y avait quelque transcendance dans nos discussions tout aussi animées, c'était celle de la révolution à venir. Nous parlions socialisme et nous nous interrogions gravement sur la possibilité d'abandonner la dictature du prolétariat lors même que Lénine en avait dit ce qu'il en avait dit. « On abandonne un chien, pas un concept », avait décrété Louis Althusser. À notre époque d'affirmation des droits des animaux, il aurait fait davantage attention à ses comparaisons.

Althussérien et soufi. C'est ainsi que la philosophe Catherine Clément s'amuse parfois à me présenter. J'étais, comme beaucoup de mes camarades de l'époque, un lecteur attentif de Louis Althusser. Les notions de « coupure épistémologique » ou d'antihumanisme théorique dans l'œuvre de Marx me semblaient d'autant plus convaincantes qu'elles permettaient une critique radicale de la doctrine des « socialismes africains » dont les présidents Léopold Sédar Senghor et Julius Nyerere de Tanzanie avaient fait leur philosophie politique.

Senghor comme Nyerere insistaient davantage, dans leur pensée du socialisme, sur « le jeune Marx », celui des écrits philosophiques d'avant 1845. Justement c'était la date à laquelle Althusser situait la coupure épistémologique qui s'était produite dans l'œuvre marxienne, la divisant en un « avant » où le langage était celui, philosophique, éthique, de l'humanisme, et un « après » où le discours était désormais celui d'une science rigoureuse. Exit *l'homme* avait déclaré Althusser dans sa *Réponse à John Lewis*. Il y a *les hommes*, et qui font l'histoire.

L'illustration la plus claire de ce que signifiait la coupure dans l'œuvre de Marx, expliquait Althusser, était la suivante : alors que dans les écrits d'avant 1845 la notion d'*aliénation* joue un rôle important, son analogue fonctionnel pour traduire l'exploitation des travailleurs devient, chez le Marx de la maturité, le concept de *plus-value*. Les damnés de la terre ne sont pas tels parce qu'ils sont victimes d'une aliénation, mais parce que cette plus-value, rigoureusement quantifiable, leur est extorquée.

Je comprenais parfaitement pourtant que pour les théoriciens d'une voie africaine du socialisme, le combat contre l'exploitation avait d'abord le sens d'une lutte contre la déshumanisation de l'humanité noire qu'avait été l'esclavage, qu'était le colonialisme. Le « jeune Marx » était tout naturellement pour eux le seul Marx, dont il fallait continuer de voir la révolte contre l'aliénation derrière les écrits « scientifiques » d'après 1845, parce qu'elle en était toujours la vérité. Ils considéraient le socialisme d'abord comme une insurrection éthique contre les forces d'aliénation qui divisent les humains entre eux et les séparent de leur humanité.

Je comprenais également que Senghor et Nyerere, fervents catholiques tous les deux, eussent consacré leur réflexion politique à ce que devait être un socialisme africain spiritualiste et humaniste.

Althusser m'apprenait à ne voir là qu'un idéalisme trahissant le seul vrai socialisme qui ne pouvait pas être africain, ni humaniste, et surtout pas spiritualiste. Aujourd'hui, je suis bien sûr revenu de ce scientisme et du rupturalisme né de la coupure épistémologique. Je pense avec le philosophe allemand Axel Honneth, aujourd'hui mon collègue à l'université de Columbia, que l'idéal socialiste ne peut se reconstruire qu'en se dégageant d'une structure intellectuelle d'un autre âge qu'il appelle « l'esprit et la culture de l'industrialisme[9] ». Surtout il ne peut se reconstruire que comme idéalisme et comme humanisme, c'est-à-dire comme force spirituelle pour une politique d'humanité. Derrière cette expression, que j'emprunte à l'éloge rendu par le président Barack Obama à Mandela à sa mort, je retrouve l'opposition qu'établit Henri Bergson entre un instinct de tribu et une politique de la société ouverte qui se donne l'humanité pour horizon. Une telle politique sera la réponse aux défis planétaires que sont la crise écologique ou celle des inégalités. La crise actuelle du coronavirus nous a encore rappelé qu'il nous faut affronter de tels défis en faisant humanité commune.

Ces années que j'ai vécues au Quartier latin n'étaient, bien entendu, pas seulement celles du sérieux des études de philosophie ou des moments de retraite que je soustrayais à la succession des travaux et des jours pour les passer à la mosquée de Paris, à un jet de pierre du lycée Louis-le-Grand et de l'ENS, à prier et lire le Coran. C'étaient aussi les années du Palace, qui était alors la boîte à la mode, et un lieu privilégié pour les sorties en soirée de bien des normaliens. Dont j'étais. Il m'est arrivé une fois d'y aller avec dans la poche de ma

9. Axel Honneth, *The Idea of Socialism. Towards a Renewal*, Cambridge, Polity Press, 2017.

veste un livre dont j'avais oublié qu'il s'y trouvait. J'ai dû à un moment donné l'en sortir machinalement, ce qui m'a valu d'être chambré aussitôt par mes compagnons et compagnes de sortie. Puis cette petite affaire est devenue la légende que même en boîte je ne perdais jamais de vue la préparation de l'agrégation ! Le livre en question était *Métaphysique de l'amour, métaphysique de la mort*, d'Arthur Schopenhauer.

Notre promotion de normaliens en philosophie est parmi les dernières de celles qui ont eu pour professeurs, pour caïmans comme on dit, Louis Althusser, Bernard Pautrat et Jacques Derrida. Avec une telle trinité nous avons certes été à bonne école. Mais ceux d'entre nous qui venaient du lycée Louis-le-Grand étaient nombreux à se considérer surtout comme les élèves d'André Pessel, notre professeur de khâgne. D'ailleurs nos caïmans de la rue d'Ulm le chargeaient chaque année de contribuer, à l'ENS, à la préparation de l'agrégation. Après sa mort le 18 décembre 2019, l'inspecteur général de philosophie Paul Mathias qui a, dans le quotidien *Le Monde*, célébré sa carrière a parlé pour nous tous lorsqu'il a écrit que Pessel fut avant tout « un maître de la lecture » et lorsqu'il a évoqué le « sourire lumineux » ainsi que les « yeux rieurs » de notre maître qui disaient « la jubilatoire ironie d'un vrai démon socratique »[10].

10. *Le Monde*, 21 janvier 2020.

En Jacques Derrida également j'ai rencontré un maître de la lecture. Benoît Peeters a recueilli dans la monumentale biographie qu'il lui a consacrée mon témoignage concernant, en particulier, l'exigence, la clarté et la précision avec lesquelles il préparait ses élèves au concours de l'agrégation[11]. J'ai ainsi raconté à Peeters, que j'avais connu en khâgne, quel souvenir j'avais gardé de la manière dont Derrida faisait de l'exercice de la « leçon d'agrégation » un grand moment de pédagogie de la déconstruction ! L'exercice consistait pour chacun de nous, ainsi que nous le ferions éventuellement en cas d'admission à l'oral du concours, à présenter devant nos camarades et nos trois caïmans, Althusser, Derrida et Pautrat, un cours sur un sujet que ces derniers avaient choisi. Venait ensuite le moment de la « reprise », faite de commentaires et de questions. Ce que j'appelle pédagogie de la déconstruction est cette admirable capacité qu'avait Derrida, lors de la reprise, de montrer à l'étudiant quelle avait été son intention et comment son propos l'avait servie. Ou, sinon, à quel moment et pourquoi l'argument avait déraillé.

J'ai également rapporté à Benoît Peeters une des conversations que j'ai eues avec Jacques Derrida dont je sollicitais l'avis sur deux textes marquant mes premiers pas dans la recherche. L'un était un mémoire sur « Les

11. Benoît Peeters, *Derrida*, Paris, Flammarion, « Grandes Biographies », 2010.

catégories économiques dans *La généalogie de la morale* de Nietzsche», l'autre était intitulé «Le faux dialogue de l'ethnophilosophie». Dans le premier, j'examinais les raisons de l'usage systématique par le philosophe allemand de métaphores économiques pour parler de la morale: celle des «esclaves» se disant dans les catégories de la rareté, de la comptabilité méticuleuse, de la parcimonie; celle des «maîtres» parlant le langage de la profusion, qui ne regarde pas à la dépense. «Le faux dialogue de l'ethnophilosophie», sur lequel je reviendrai, était, quant à lui, consacré à une discussion de ce que pouvait signifier l'expression «philosophie africaine». Derrida avait lu mes petits essais avec sympathie et m'en avait dit du bien. Il m'avait finalement donné le conseil de «penser cela ensemble». Penser ensemble différentes questions et les faire converger est ce à quoi je m'emploie.

C'est Althusser qui fut, durant mes années à l'ENS, mon «caïman» attitré. Il est bien entendu pratiquement impossible aujourd'hui de parler de lui sans que le propos soit happé par le grand trou noir qu'il vécut au moment où il ne fut plus lui-même, dans cet appartement du 45, rue d'Ulm où il infligea à Hélène, sa femme, une mort dont les hallucinantes premières pages de son autobiographie, *L'avenir dure longtemps*, nous disent pourtant qu'elle fut paisible.

Il y a peu, l'Imec où sont conservés ses papiers et documents m'a envoyé une photo: on y voit Althusser debout, une cigarette juste allumée pendant au coin de la bouche, tourné aux trois quarts vers l'objectif et devant un tableau noir où est écrite cette phrase : *L'avenir dure longtemps*. Il m'était demandé si cette photo, datée du 19 mai 1978, donc à une époque où j'étais son étudiant, me disait quelque chose. Un moment dans un séminaire ? Je répondis que je ne me rappelais pas, et ajoutai que je ne croyais pas que la photo eût été prise sur le vif, durant un vrai cours. Althusser avait dû « poser » pour cette image, car je ne voyais pas de séminaire, en cette année 1978, qui eût expliqué l'inscription au tableau de cette citation du général de Gaulle, dont il ferait plus tard le titre de ses Mémoires.

Je garde précieusement cette photo d'avant le trou noir, en amont de ce terrible 16 novembre de l'année 1980, qui me ramène la figure de cet homme m'accueillant toujours avec beaucoup de douceur dans ce bureau où j'avais l'impression que les livres empilés sur les étagères qui montaient jusqu'au plafond allaient d'un moment à l'autre s'écrouler sur nous. Qui me retournait les dissertations que je lui soumettais quasi vierges de toute annotation, mais toujours accompagnées d'une page ou deux de remarques soigneusement dactylographiées.

Cette année 1978 est celle justement où j'ai passé l'agrégation.

Faire de la philosophie sans plus me soucier de concours : tel était mon rêve tout le temps que j'ai passé à préparer celui-là en me disant que c'était le dernier. Que je fusse ou non reçu. Mon projet pour la suite était en effet de faire le voyage en Amérique. Je voulais profiter, pour l'année académique 1979-1980, du programme d'échange qui existait entre l'École normale et l'université de Harvard. J'envoyai donc ma candidature à l'administration de l'École. Mais il était dit qu'on ne pouvait pas facilement arrêter de parler de concours! Le directeur adjoint de l'époque, le professeur Marcel Roncayolo, jugea plus sage de me faire attendre une autre année. J'avais bien expliqué que je n'avais absolument pas l'intention de repasser l'agrégation en cas d'échec, mais le professeur me répondit que ce genre de résolution ne tiendrait sans doute pas si ce cas fâcheux devait se présenter. Je pourrais avoir, j'aurais certainement l'envie de m'y remettre et de renoncer à la bourse qu'offrait Harvard, qui serait alors perdue pour cette année-là. Je m'ouvris de la question à Althusser. Il me reçut bientôt dans son bureau pour me dire que l'affaire était conclue et que je pouvais commencer à penser, au-delà du concours, à mon séjour à Harvard pour la rentrée de septembre 1979. Je ne découvris que plus tard comment l'affaire avait été réglée. Le professeur Roncayolo m'apprit en riant, lors d'une rencontre dans les couloirs de l'École, qu'Althusser lui avait simplement affirmé que de toute façon j'allais être reçu à l'agrégation! Bien sûr, il n'avait aucune raison d'afficher une telle certitude et Monsieur Roncayolo le savait bien. Mais la prophétie althussérienne était si inattendue, si crâne, qu'il s'était amusé à faire semblant d'y croire et à prendre la décision d'envoyer mon nom à Harvard comme choix de l'École. Mon caïman n'avait pas fait dans la demi-mesure en montant au front pour que je puisse réaliser mon projet. Mais, du coup, je me sentais vraiment dans l'obligation de réussir à un concours pour lequel personne ne pouvait être sûr de rien, bien entendu. Le jour des résultats, avant d'arriver à la Sorbonne où ils étaient affichés, je rencontrai rue Soufflot Althusser qui en revenait sans doute. C'est lui qui m'apprit que j'étais reçu. C'est donc en agrégé de philosophie que j'allais effectuer mon premier voyage en Amérique. *Métaphysique de l'amour, métaphysique de la mort* dans la poche pour aller danser au Palace s'était avéré un talisman efficace.

Cambridge, Massachusetts

C'est donc à l'automne 1979 que j'ai traversé l'Atlantique pour la première fois, posé le pied sur le sol du Nouveau Monde à l'aéroport JFK de New York, et atterri à l'aéroport de Boston. Une année académique m'attendait à Harvard. Pour quelques-uns de mes camarades qui avaient aussi bénéficié des programmes d'échange entre l'ENS et Harvard ou Yale, leur séjour dans les grandes universités américaines les avait souvent conduits à embrasser par la suite une carrière académique aux États-Unis. Laquelle leur apparaissait alors d'autant plus désirable que la perspective, en France, était de passer un nombre indéterminé d'années à enseigner en lycée, en général loin de Paris, avec l'espoir qu'un jour un poste en fac leur soit offert.

Je n'avais pour ma part aucune intention de cette nature. Mon séjour devait être une parenthèse vite refermée à la fin d'une année académique dont j'espérais tirer profit pour découvrir plus avant la philosophie analytique ainsi que le pragmatisme américain, avancer le travail de thèse dans lequel je venais de m'engager, et simplement découvrir le monde dit « nouveau ». Je ne m'attendais pas à ce que l'expérience signifie pour moi une confrontation directe avec la question de la race.

« Nous accueillons notre hôte, quelle que soit sa race ou sa religion. » Cette déclaration était accrochée à la porte d'entrée de la maison où j'ai été invité dès le lendemain de mon arrivée. Sa lecture m'a intrigué. Qu'avait-on besoin d'afficher, c'est le cas de le dire, que l'on n'était pas raciste ? La maison était celle d'un professeur à la Divinity School de Harvard, francophone et francophile, qui s'était offert comme facilitateur de mon séjour lorsqu'il avait appris qu'un normalien en philosophie, sénégalais, allait passer un an dans son université. Il voulait, m'a-t-il expliqué, découvrir par moi une francophonie dont il ne savait rien et pratiquer son français. Son nom, Potter, révélait un descendant des premiers colons qui s'étaient installés en Nouvelle-Angleterre puisque, comme il me l'a expliqué plus tard, le premier Potter devenu américain était un des passagers du *Mayflower*. Celui-ci enseignait l'éthique, et il était également pasteur. Grâce à lui et à son fils aîné, à peu près de mon âge et qui est devenu pour moi un guide précieux, mon installation s'est faite rapidement. Trois jours après mon arrivée, je quittai l'hôtel Ramada où j'étais descendu pour m'installer à Somerville, une autre banlieue de Boston adjacente à Cambridge, dans une chambre chez l'habitant qu'il m'avait aidé à trouver.

La question que j'ai fini par poser concernant la déclaration affichée sur la race ou la religion d'un visiteur fut le point de départ des nombreuses discussions que j'ai eues par la suite avec ma famille d'accueil, sur le racisme en général, et plus particulièrement dans la ville de Boston.

Boston était l'une des villes les plus ségréguées des États-Unis, comme je le découvris vite. Les années 1970 y avaient été dominées par la question de la mixité raciale dans les écoles publiques. Les parents afro-américains ainsi que les militants des droits civiques avaient réclamé qu'il soit mis fin à une ségrégation de fait qui condamnait les élèves noirs à se contenter, dans des écoles mal dotées en ressources financières et humaines, d'une éducation peu comparable à celle que recevaient les enfants blancs dans les établissements convenablement dotés de leurs quartiers. Les demandes et les actions pour l'égalité des chances avaient culminé, au milieu de la décennie 1970, avec la crise dite du *busing*. La décision de justice ordonnant la déségrégation des écoles publiques avait entraîné le transport en car des enfants des quartiers noirs vers leur nouvelle école en territoire blanc : en réponse, certains résidents blancs avaient caillassé les bus de ces élèves dont ils ne voulaient pas chez eux.

La trajectoire qui avait été la mienne jusque-là, de mon école Santhiaba urbaine de Ziguinchor à l'école de Dieuppeul, du lycée Van-Vollenhoven de Dakar à Louis-le-Grand, puis à Normale sup et Harvard, aurait peut-être pu me faire croire, naïvement, que le mérite est le grand égalisateur qui récompense celui qui se consacre à l'étude. Ce n'est pas faux, bien sûr, et c'est dans cette conviction que mes parents m'avaient élevé ; mais encore faut-il être dans les conditions de pouvoir prouver son mérite. Aux esclaves venus d'Afrique il avait été interdit d'apprendre à lire et à écrire. La ségrégation, de droit dans certaines localités, de fait dans certaines autres, avait ensuite barré à leurs descendants l'accès à de bonnes écoles où ils pourraient découvrir leur propre talent.

La crise du *busing* avait éclaté quatre ans environ avant mon séjour à Cambridge. Mais la plus abominable manifestation de racisme est survenue juste quelques jours après mon arrivée. Le 28 septembre 1979, en effet, trois jeunes Blancs sont montés sur le toit d'un immeuble après s'être armés pour tirer sur un groupe de jeunes Noirs. L'un d'eux a atteint sa cible. Darryl Williams, âgé de quinze ans, n'en est pas mort mais en est sorti tétraplégique, condamné à se déplacer en chaise roulante jusqu'à sa mort en 2010. Darryl Williams était venu avec l'équipe de football américain de son lycée pour jouer contre celle de Charlestown où avait lieu le match. Darryl Williams et ses coéquipiers appartenaient au lycée de Jamaica Plains. Ils étaient mélangés, majoritairement noirs, apparemment plus forts puisque à la mi-temps ils menaient au score. À Charlestown dont le lycée recevait, on était blanc, surtout d'origine irlandaise, et on n'aimait généralement pas que des Afro-Américains s'aventurassent dans le voisinage. C'est cette haine qui habitait le cœur des trois gamins blancs et à la mi-temps du match, pendant que l'équipe de Jamaica Plain s'était regroupée dans un coin du terrain, c'est encore la haine qui avait dirigé l'arme de l'un d'eux contre un autre gamin de leur âge.

Cette histoire a été beaucoup commentée, évidemment, et elle a pour ainsi dire biaisé mon rapport à Boston et ses banlieues pendant tout mon séjour. Je faisais l'expérience de devoir me demander dans quels endroits il était préférable que j'évite de me retrouver. De toute façon, Cambridge était une bulle où je vivais la plupart du temps, et autour de Harvard Square pullulaient les cinémas, les restaurants, les librairies, les cafés ou les clubs de jazz où je pouvais me rendre durant mes loisirs. De plus, je retrouvais les Potter presque tous les week-ends et durant de longues heures je regardais avec eux des matchs de football américain.

J'ai fait ma première visite à New York quand j'ai accompagné le professeur Potter et une de ses doctorantes à une conférence à l'université de Columbia ou à Union Theological Seminary, l'institut d'études théologiques associé à l'université. À vrai dire je me souviens assez mal de ce premier voyage new-yorkais car d'avoir souvent visité la ville depuis et d'y habiter maintenant a recouvert les premières images que j'aurais pu en garder. Je me rappelle seulement avoir marché dans Harlem, qui pour moi était alors un mythe, en évitant soigneusement, ainsi qu'on me l'avait recommandé, de traverser le parc de Morningside. Trop dangereux à l'époque. Et je me souviens aussi qu'à la rencontre à laquelle participait le professeur Potter un des conférenciers s'était présenté comme pasteur de je ne sais plus quelle Église protestante, marxiste en philosophie et althussérien dans son approche. Sans doute était-il soufi et althussérien. À sa manière !

Concernant les projets académiques précis qui m'avaient amené, j'ai tiré le meilleur parti de mon séjour à Cambridge, au-delà de mes attentes. D'abord, j'ai trouvé hospitalité en une nouvelle langue. Jusque-là mon rapport à l'anglais s'était limité aux exercices de thèmes et de versions, répétés pendant toute ma scolarité secondaire et mes années en classes préparatoires. Il ne s'agissait plus maintenant d'entraînements scolaires, il fallait vivre dans une autre langue, et je faisais l'expérience de sentir l'anglais devenir peu à peu un idiome dans lequel je pouvais penser, écrire des essais, jouer sur les mots ou rêver.

Étudier à Emerson Hall, au département de philosophie de Harvard, représentait pour moi un rêve qui se réalisait. J'étais malheureusement arrivé un an trop tard pour avoir une chance de suivre l'enseignement de William Van Orman (W. V. O.) Quine, qui venait de prendre sa retraite. Il venait toujours, bien évidemment, à son bureau du campus où j'aurais certainement pu aller le saluer. Je n'en fis rien au bout du compte, car je n'aurais pas su quoi lui dire.

En revanche Hilary Putnam était, lui, bien présent et il a joué un rôle important dans la recherche que j'étais venu conduire à Harvard. J'avais inscrit, avant mon voyage, un sujet de thèse sur la logique algébrique de Boole, que Jean-Toussaint Desanti avait accepté de diriger. J'espérais que les quelques mois de mon séjour à Cambridge me permettraient au moins de préciser dans mon esprit ce que je me proposais de faire sur un sujet comme celui-là. Et comme souvent, c'est une simple remarque que m'a faite Putnam en passant, lorsque je lui ai expliqué sur quoi je travaillais, qui m'a mis sur la voie. Il m'avait suggéré de consulter certains des textes mathématiques que Boole avait publiés avant sa « découverte » de l'algèbre de la logique. Je trouverais peut-être dans ces travaux, auxquels on ne prêtait guère attention, quelque chose qui pourrait éclairer la totalité de l'œuvre du logicien. De fait, je découvris très vite qu'ils étaient le fil conducteur vers la création par Boole de l'algèbre de la logique. Je tenais la clef de ce qui serait effectivement ma thèse et des études que j'ai consacrées au logicien britannique.

George Boole était un autodidacte. J'ai soutenu que c'est ce qui lui avait permis de parfaitement saisir la révolution qui, à la fin des années 1830, a vu naître en Angleterre une nouvelle manière de comprendre l'algèbre. De considérer que les lettres x, y, z en usage dans l'écriture algébrique ne représentent pas nécessairement des quantités et que les opérations usuelles menées sur ces lettres ne sont pas nécessairement une addition, une soustraction ou une multiplication de quantités. L'algèbre devient pour ainsi dire un langage universel de symboles dans lequel les opérations sont définies uniquement par leurs propriétés formelles et permettent de conduire, mécaniquement, des procédures dont les conclusions seront ensuite interprétées. George Boole a résumé la signification de l'algèbre non numérique, purement symbolique, en déclarant qu'il n'est pas de l'essence des mathématiques de s'occuper des idées de nombre et de quantité. Et il a créé l'algèbre de la logique comme un modèle d'algèbre non numérique.

En d'autres termes, il a créé un système de signes qui permet de représenter en symboles et dans des procédures symboliques les argumentations que nous conduisons dans les langues naturelles que nous parlons. Un tel système qui peut se réaliser physiquement sous forme de machine a posé les fondements de notre civilisation de l'ordinateur.

Je n'avais donc pas choisi pour direction de mon travail après l'agrégation une question « africaine ». J'avais bien écrit un petit mémoire sur le débat qui avait alors cours, en Afrique francophone surtout, sur le sens même de l'expression « philosophie africaine ». Mais je n'avais pas à cette époque l'intention de poursuivre cette réflexion. Auparavant, j'avais produit un travail de maîtrise sur la philosophie de Nietzsche que Jacques Derrida et Bernard Pautrat m'avaient encouragé à développer. Mais j'avais finalement décidé de me spécialiser en histoire des sciences. Entre le diplôme de maîtrise en logique mathématique et langages formels, que j'ai passé avec le professeur Roger Martin, et une thèse sur l'histoire de l'algèbre, je renouais avec les mathématiques.

À mon retour de Harvard, j'avais gagné du temps sur mon travail et j'étais désormais en mesure de présenter à Jean-Toussaint Desanti un projet charpenté et précis pour un travail de troisième cycle que je pourrais achever à la fin de ma scolarité à l'École normale.

J'aimais me rendre à l'appartement de mon directeur de thèse, Touki, comme on l'appelait, pour parler de mon travail mais aussi simplement de choses et d'autres. Surtout lorsque Dominique Desanti se trouvait présente, nous discutions beaucoup de la situation de l'Afrique. J'étais fasciné par la légende de ce couple, leur passé de résistants, le fait que Touki ait été à l'École normale le camarade d'Aimé Césaire. Je n'étais pas peu fier d'avoir été adopté par le chat de l'appartement, ce qui, m'avait assuré Dominique Desanti, n'était quasiment jamais le cas avec les visiteurs.

Les choses se passèrent comme prévu et en terminant ma scolarité à l'École normale en 1982 je soutins une première thèse qui six ans plus tard s'enflerait en un doctorat d'État sur l'algèbre de Boole. Je pouvais rentrer au Sénégal. Et enseigner à l'université de Dakar qui porterait, cinq ans plus tard, le nom de Cheikh Anta Diop.

Düsseldorf et Bayreuth

À la fin de mes années d'études à l'École normale, j'avais mille et une raisons de désirer rester en France et d'y faire ma vie. J'avais aussi mille et une raisons de vouloir retourner au Sénégal pour enseigner la logique et la philosophie des sciences à l'université de Dakar, dont une majeure: je le devais. En octobre 1982, je fis donc ma rentrée au département de philosophie.

Cette année 1982 fut, véritablement, une année charnière. D'abord pour moi, sur le plan personnel, puisque je retournais au Sénégal après presque dix années passées en Europe, sauf une en Amérique. J'étais parti adolescent, chargé de promesses. Je revenais jeune homme de vingt-six ans, avec la responsabilité de contribuer à la philosophie sénégalaise. Plus largement, par l'enseignement et la recherche, à la philosophie africaine. L'université de Dakar, en effet, a toujours été, depuis sa création, une institution pour l'Afrique francophone. Mais que voulait dire « contribuer à la philosophie africaine » ?

L'année 1982 fut aussi celle où il me fut donné de prendre part pour la première fois, dans une conférence avec des philosophes africains de renom, à une discussion sur le contenu à donner à cette expression. J'avais, je l'ai dit, écrit un mémoire sur cette question. Ce premier travail qui s'intitulait « Le faux dialogue de l'ethnophilosophie », ainsi que je l'ai précisé, avait été inspiré par ma lecture du classique qu'est l'ouvrage du philosophe béninois Paulin Hountondji, *Sur la « philosophie africaine »*. J'étais tombé sur le livre au rayon que la librairie Présence africaine, rue des Écoles, réserve aux textes de philosophie et de religion. Et j'avais découvert que son auteur avait fini sa scolarité à l'École normale une dizaine d'années avant mon entrée. Il avait ensuite enseigné la philosophie à la faculté des lettres de Besançon pendant une année, puis avait choisi de servir l'université africaine, à Lubumbashi d'abord, puis à Kinshasa et pour finir dans son pays, à Cotonou.

Je ne sais plus dans quelles circonstances précises j'ai rencontré en personne Paulin Hountondji. Probablement à la bibliothèque de l'École normale où les anciens élèves font toujours retour lorsqu'ils sont à Paris. C'est à cette rencontre que je dois d'avoir été invité à ma première conférence internationale de « philosophie africaine », à Düsseldorf.

Paulin Hountondji m'a confié par la suite que lorsqu'on s'était connus en cette année 1982, la dernière de mes années normaliennes, il avait craint que je ne sois perdu pour l'enseignement de la philosophie en Afrique et que je décide de rester en France. Je lui étais apparu tellement germanopratin, tellement chez moi parmi mes amis ! Il m'a révélé aussi qu'entre autres raisons de m'inviter à cette conférence sur un sujet « africain » qu'il coorganisait avec le professeur Alwin Diemer, alors directeur de l'Institut de philosophie de l'université de Düsseldorf, son idée était de me jeter dans le « bain » des sujets qui se débattaient sur le continent et me présenter aux enseignants de philosophie dans les universités africaines. Parmi lesquels, bien entendu, ceux venus de Dakar, dont il attendait qu'ils fussent bientôt mes collègues.

Il ne s'agissait pas pour moi de sortir de je ne sais quelle tour d'ivoire qui m'aurait coupé des questions africaines. Une tour physique que pouvait représenter le Centre Alexandre-Koyré d'histoire des sciences où je menais mes recherches, et une tour académique que pouvait constituer mon intérêt pour les conditions de la rencontre, en Angleterre au milieu du XIXe siècle, entre la logique classique et les algèbres non numériques. Je considérais qu'il était aussi essentiel de tenir en Afrique des rencontres philosophiques sur la logique mathématique et l'histoire de la science moderne que des colloques sur les cosmologies et les connaissances endogènes au continent.

Ce qu'on débattait sur le continent portait sur le sens même de l'expression « philosophie africaine ». La question était donc métaphilosophique. Et elle se nouait pour l'essentiel, surtout dans l'espace francophone, autour d'un livre, *La philosophie bantoue*, du missionnaire et philosophe belge Placide Tempels. Alioune Diop, le fondateur de la revue *Présence africaine* et de la maison d'édition du même nom, s'était empressé de publier l'ouvrage dans sa traduction du flamand en 1948, le jugeant essentiel et fondateur, comme il l'exposa dans la préface dont il l'accompagna. Il fut non seulement accueilli et célébré par nombre d'intellectuels africains et afro-descendants, mais aussi par des philosophes comme Gaston Bachelard, Albert Camus ou Gabriel Marcel. Léopold Sédar Senghor fut assez dithyrambique sur l'importance de cette publication alors qu'à l'inverse, dans son poème *Discours sur le colonialisme*, Aimé Césaire n'eut que sarcasme pour le livre du missionnaire belge.

Qu'est-ce qui expliquait les réactions diamétralement opposées de ces deux complices en « négritude » ? Il faut pour répondre à cette question distinguer dans le livre de Tempels ce que l'on peut appeler l'intention déclarée de l'auteur, exposée pour l'essentiel dans l'introduction, et le contenu même qu'il donne à la « philosophie » qu'il caractérise comme « bantoue ». L'intention était de s'adresser à l'administration coloniale pour lui expliquer qu'elle ne pouvait plus espérer faire perdurer son système de domination, à moins d'apprendre enfin à faire *attention* aux indigènes et à comprendre leur manière de voir. C'est-à-dire pénétrer les principes philosophiques qui sont au fondement de leurs institutions traditionnelles, leurs religions, leurs coutumes, leurs comportements essentiels, leurs arts, leurs lois. En se proposant de révéler les principes de base sur lesquels repose, selon lui, la vision du monde des populations bantoues, Tempels prétendait mettre à nu leur *âme*, afin que sur la base d'une connaissance en profondeur de l'être-au-monde bantou l'administration coloniale fût pleinement en mesure de s'y adapter pour pouvoir continuer de gouverner les *corps* placés sous son contrôle. Et le père Tempels d'indiquer en plus que leur propre philosophie pouvait même amener les populations bantoues à accepter la supériorité de l'homme blanc en lui aménageant une place élevée dans leur cosmologie !

C'est à cette rationalisation de la domination coloniale que s'adressaient les sarcasmes de Césaire et son ricanement devant l'intérêt du bon père pour les *âmes* des Bantous plutôt que pour les revendications matérielles qui traduisaient leur volonté d'émancipation. Son rejet fut une fin de non-recevoir *politique*, d'un projet *politique*.

Senghor, pour sa part, s'est focalisé davantage sur l'objet philosophique du livre, ce monde où les êtres sont des forces vitales. Dans ce monde en effet, indique Tempels, *exister c'est être une force*. Il n'y a donc rien d'inerte dans un univers qui est une échelle de forces, depuis la Force des forces jusqu'au minéral, en passant par les grands ancêtres, les humains vivants, les animaux, les plantes.

Les principales propositions qui peuvent résumer la philosophie bantoue sont les suivantes :

1. Être c'est être une force.
2. Une force peut augmenter ou diminuer.
3. Est bien ce qui augmente la force, mal ce qui la diminue.
4. Le but d'une force est d'être une plus grande force.

Une raison essentielle de l'enthousiasme manifesté par Senghor pour *La philosophie bantoue* était que lui-même, dans un essai publié avant la guerre, avait expliqué que le langage plastique de la sculpture africaine, où l'usage de formes géométriques et le jeu sur la disproportion montrent que la finalité n'est pas de représenter l'apparence des choses, devait se comprendre pleinement comme une manifestation de la faculté de saisir la réalité comme force et comme rythme. Dans l'univers de forces présenté par Tempels, le poète sénégalais percevait un écho de l'expérience, vécue dans son enfance, de la cosmologie serer, en même temps qu'une consonance avec la philosophie de la vie et de l'élan vital d'Henri Bergson, qu'il avait faite sienne. La réflexion que j'ai consacrée, bien des années plus tard, à la philosophie de l'art de Senghor a développé ce point[12]. En 1982, j'étais dans le rejet pur et simple de la démarche de Tempels et de tout ce qui pouvait ressembler au modèle qu'il avait établi : considérer comme porteuses de philosophie les représentations collectives d'une population.

Je suivais en cela la critique qu'avait faite Paulin Hountondji de ce que le philosophe camerounais Marcien Towa et lui-même considéraient comme une confusion entre la « vraie » philosophie et l'ethnophilosophie – celle-ci n'étant qu'une manière de prolonger, dans un langage philosophique, le discours d'une ethnologie coloniale sur la mentalité et la vision du monde des populations « sans écriture ». Hountondji, en particulier, se faisait une certaine idée de la philosophie, dont il a reconnu plus tard qu'elle était peut-être trop exigeante, qui rendait impossible la notion même d'une philosophie collective. Cette certaine idée de la philosophie était la mienne. J'étais althussérien moi aussi. Et c'est dans cet esprit que j'avais, de Paris, fait le voyage à Düsseldorf pour prendre part au colloque sur « L'Afrique et le problème de son identité ».

De cette conférence il n'est pas exagéré de dire qu'elle fut historique. Elle constituait, en effet, un jalon

---

12. Souleymane Bachir Diagne, *Léopold Sédar Senghor. L'art africain comme philosophie*, Paris, Éditions Riveneuve, 2007, 2019.

important dans le mouvement d'institutionnalisation, au sein du monde académique international, de la philosophie africaine. Quatre ans auparavant, dans la même ville de Düsseldorf, un jalon avait déjà été posé lorsque la Fédération internationale des sociétés de philosophie, qui tenait son seizième congrès, y avait fait de la place pour accueillir un symposium sur « La philosophie et l'Afrique actuelle ». Ce caucus africain dans le congrès fut organisé par le Conseil interafricain de philosophie qui venait d'être créé à l'initiative de Paulin Hountondji, et fut soutenu par la division de philosophie de l'Unesco. Il est important de noter que s'est tenue aussi, en cette même année 1982, une rencontre organisée par Lucius Outlaw à son université de Haverford, autour du concept d'*africana philosophy*, définie ainsi que l'indiquait le sous-titre de la conférence comme « la philosophie en Afrique et chez les peuples afro-descendants ». Des initiatives de cette nature ont abouti en 1987 à l'établissement, par l'Association américaine de philosophie (APA), de la philosophie *africana* comme une des spécialités de la discipline.

Dans l'histoire de l'institutionnalisation de la philosophie africaine, dont une page s'écrivait lors de cette rencontre de Düsseldorf où étaient réunis de grands auteurs, francophones et anglophones, j'avais commencé d'insérer mon parcours grâce à l'invitation de Paulin Hountondji. Alors que j'étais en train de terminer ma scolarité à l'École normale et n'avais rien publié, il avait insisté pour me faire participer et parlé de la contribution que je pouvais apporter au débat, en termes si flatteurs que les organisateurs m'avaient pris pour un universitaire établi dont les travaux avaient dû échapper à leur attention. Le résultat assez cocasse du malentendu est que, lorsque je suis arrivé le premier matin dans la salle de conférence, j'ai découvert que le carton qui indiquait ma place me présentait comme « Prof. Dr. Diagne », me promouvant ainsi au grade académique final de « professeur docteur ».

J'admire encore aujourd'hui la discrétion et la rapidité avec lesquelles les choses furent vite rétablies, pendant la toute première pause-café : à mon retour je trouvai que mon carton indiquait désormais « Dr. Diagne ». Voilà qui correspondait certainement mieux à mon allure d'étudiant arborant une coiffure afro.

De la communication que je donnai au colloque je découvre, lorsque je la relis aujourd'hui, qu'elle s'articule autour d'une idée qui est restée une constante dans mon travail : la question de l'identité ne s'éclaire que si on pense d'abord celle du devenir. Qui je suis se découvre dans la réalisation de qui je dois être, et la fidélité à soi est dans le mouvement de ce devenir. C'est ainsi que je terminai mon propos en substituant à la question de l'identité celle d'un programme qui serait, en particulier, celui d'un vigoureux développement des études d'histoire, d'épistémologie et de sociologie des sciences et des techniques.

Deux ans après mes débuts d'enseignant au département de philosophie de Dakar, je suis retourné, pour un séjour de deux mois au printemps 1984, en Allemagne, cette fois à l'université de Bayreuth. Faisant suite à la visite, dans cette ville, du président Léopold Sédar Senghor, le ministre-président de Bavière avait créé cette université en 1981 en y établissant une chaire placée sous la direction du professeur János Riesz, consacrée à l'étude des littératures africaines. Dans le cadre du programme de cette chaire, j'avais reçu une invitation pour un séjour de recherche.

C'est durant ce séjour que j'ai fait la connaissance de Ngugi wa Thiong'o.

Dans les remerciements qui ouvrent son livre *Decolonising the Mind*, il raconte dans quelles circonstances nous nous sommes connus. Invités à la même période à Bayreuth, lui par le département d'anglais et de littérature comparée, moi par la chaire du professeur Riesz, nous partagions la maison de St. Johannes Village où l'université nous avait logés. Avec beaucoup d'humour, Ngugi wa Thiong'o évoque dans son livre les nombreuses discussions que nous avons eues alors sur « la logique mathématique, Louis Althusser, Michel Pêcheux, Pierre Macherey, Ferdinand de Saussure, Léopold Sédar Senghor, le wolof, la philosophie africaine, et autres sujets». Il parle aussi des traductions en anglais que je faisais pour lui de certains passages de livres en français[13].

À cette époque, le romancier kenyan était en train d'écrire certains des essais qu'il regrouperait ensuite dans son livre, faisant injonction de *décoloniser l'esprit*. Une condition nécessaire, fondamentale, de cette entreprise était alors de tourner le dos à la langue du colonisateur pour faire retour aux langues africaines.

Sa critique de Léopold Sédar Senghor était donc particulièrement vive. Je sélectionnais pour lui et lui traduisais les passages où le poète sénégalais chante, comme il le fait encore et encore, les grâces de la langue française. Ngugi wa Thiong'o feignait alors de s'étrangler de colère : comment un colonisé pouvait-il se prosterner ainsi devant le maître dont l'outil majeur est justement sa langue ? Le colonialisme n'était-il pas l'imposition d'une langue impériale se présentant comme la raison incarnée ? N'était-il pas la négation et le mépris des langues indigènes jugées incomplètes, manquant de tout : de termes abstraits, de temps futur, du verbe « être »... !

Le penseur sénégalais qui sur la question linguistique trouvait alors grâce aux yeux de Ngugi wa Thiong'o

13. Ngugi wa Thiong'o, *Decolonizing the Mind. The Politics of Language in African Literature*, Suffolk, Boydell & Brewer, 1986. Cet avant-propos de Ngugi wa Thiong'o ne figure pas dans la traduction française du livre, *Décoloniser l'esprit*, Paris, La Fabrique, 2011.

était bien entendu Cheikh Anta Diop, lequel s'était employé à démontrer que tout pouvait se traduire dans sa langue wolof, une présentation de la théorie einsteinienne de la relativité comme les accents guerriers de *La Marseillaise*…

Je ne sais plus si j'ai évoqué ou non avec Ngugi wa Thiong'o le texte de Senghor où celui-ci fait l'éloge de l'« homme nouveau » comme étant le bilingue parfait, pour lui en français et dans les langues africaines. J'étais moi-même, en matière de langues aussi, pour le pluralisme. Je considérais suivre en cela l'enseignement de cette parole du prophète de l'islam : « Autant de langues on parle autant d'hommes on vaut. » Je trouvais remarquable, en effet, une telle invitation au pluralisme linguistique là où l'on aurait pu attendre une exaltation de la langue de la révélation à l'exclusion de toutes les autres. Je comprenais cette invitation comme celle de penser de langue à langue.

Si j'étais d'accord avec Ngugi wa Thiong'o sur la nécessité d'une décolonisation qui devait signifier que les langues africaines redevinssent des langues de création et de science, je ne comprenais pas que l'on pût être en conflit avec une langue. Et je comprenais parfaitement qu'un poète chantât la langue dans laquelle il crée. Un poème est d'abord une déclaration d'amour à la langue qui le porte au monde.

Mes conversations avec Ngugi wa Thiong'o ainsi que les sujets sur lesquels j'ai travaillé pendant mon séjour à Bayreuth ont de manière générale tourné autour des langues et de la traduction. Mon projet jusque-là avait été d'étudier l'histoire et les implications de la traduction de nos raisonnements dans le langage binaire, composé de 0 et 1, des ordinateurs. Je l'élargissais à la question de la traduction de nos langues humaines depuis que la malédiction de Babel les a faites irréductiblement plurielles.

C'est en préparant une conférence que je devais donner en tant qu'invité de la chaire que j'ai découvert chez le philosophe Maurice Merleau-Ponty un concept qui m'a paru important et que je cite souvent : celui d'*universel latéral*[14]. À vrai dire je l'ai découvert indirectement, à travers la critique qu'en avait faite Emmanuel Lévinas. Celui-ci avait en effet affirmé que l'universalité et l'humanisme étaient en danger dès lors que l'on avait basculé dans un monde décolonisé où toutes les cultures s'estimaient désormais équivalentes. Sans la reconnaissance que seule la culture européenne incarne ces valeurs, et que du haut de sa domination spirituelle elle a mission d'orienter les autres, en *cultivant* sans *coloniser*, puisqu'un tel découplage était désormais chose entendue, l'humanité se retrouvera dans un monde *désoccidentalisé* mais surtout *désorienté*. En

14. Maurice Merleau-Ponty, « De Mauss à Lévi-Strauss ». Publié d'abord en 1959 dans *La Nouvelle Revue française*, le texte est repris dans le recueil d'articles *Signes*, Paris, Gallimard, 1960.

rappelant que l'universel ne pouvait ainsi que venir de la hauteur d'une culture naturellement à part, Lévinas indiquait que le concept d'un universel latéral, tel que l'avait proposé Merleau-Ponty, qui serait produit par le dialogue entre des cultures placées sur un même plan horizontal d'égalité, était totalement contradictoire. Ce jugement me poussa à aller voir moi-même ce que pouvait être cet universel latéral devant succéder à l'impérialisme d'un universel « de surplomb ».

Lévinas s'était gaussé d'une expression qui lui semblait un oxymore. Merleau-Ponty déclarait qu'elle indiquait la tâche, difficile certes, mais nécessaire d'abord et qui demandait cette capacité de décentrement que l'on découvre lorsqu'on apprend une langue étrangère : mettre en chantier un universel de la rencontre, du décentrement, sur le modèle de la traduction. En proposant une réflexion sur les difficultés que soulevait le concept d'universalité latérale, je commençais ainsi, à Bayreuth, un chantier sur un humanisme de la rencontre et un universel de la traduction. J'y suis toujours.

Dakar, Les Mamelles

J'ai effectué ma rentrée au département de philosophie de l'université de Dakar en octobre 1982, avec le titre d'assistant stagiaire, animé du projet de créer un solide enseignement en logique, en histoire et philosophie des sciences. J'ai ainsi commencé ma carrière d'enseignant dans la conviction qu'il était impératif pour les départements de philosophie des universités africaines de mettre un accent particulier sur tout ce qui pourrait favoriser une réflexion nécessaire sur la relation entre les sciences, les techniques et la société. Elle se traduisait également dans ma volonté de créer une équipe qui travaillerait dans cette direction.

Être enseignant est le meilleur moyen de rester un étudiant. J'avais aimé ma vie d'étudiant, je la continuais comme professeur. D'ailleurs, j'étais à peine plus âgé que mes étudiants lorsque j'ai débuté. Et surtout, je vivais de nouveau chez mes parents. Ce n'était plus seulement pour quelques jours de vacances, de temps en temps. Je pouvais jouer à recommencer. À retrouver en fin de journée ceux de mes amis d'enfance qui pour diverses raisons habitaient aussi chez leurs parents. À vivre au quotidien avec mes frères que je n'avais pas vus grandir. Avec mes deux sœurs j'avais une connivence renforcée par le fait que, également philosophes, elles étaient venues me retrouver à Paris pour leurs études. Avec mes frères plus jeunes, c'est à mon retour à la maison que nous avons vraiment appris à tisser des complicités.

Au bout de plusieurs mois, vers la fin de ma première année académique, j'ai déménagé de Dieuppeul au centre-ville. Ce qui m'avait été proposé sous le nom de studio était simplement une grande chambre avec une salle de bains et un petit recoin où poser un réchaud. Je vécus ainsi quelques années, dont près de deux comme jeune marié, dans un espace à peine plus grand que ma turne de l'École normale. Mais j'avais une immense fenêtre et de mon quatorzième étage la vue était magnifique. Dès l'entrée, j'avais en face la mer et je pouvais apercevoir l'île de Gorée. L'immensité devant moi compensait l'étroitesse du « studio », vite envahi par mes livres.

Je prenais mes repas chez mes parents et ne rentrais que le soir. Pour mes déplacements, je m'étais trouvé une 4L d'occasion que je payais par des traites mensuelles qui dévoraient près de la moitié de mon salaire.

Je savais que ce n'était pas en embrassant une carrière d'enseignant que j'allais gagner des mille et des cents, mais j'avoue que j'avais été surpris de découvrir la modestie de ce qu'était alors le salaire d'un assistant stagiaire. Diderot dit qu'il n'est pas bon qu'un philosophe gagne trop d'argent pour la paix de son esprit ni trop peu pour la même raison. Qu'il lui fallait seulement un honnête revenu. Je ne sais pas si le mien était honnête, dans ce sens. Il n'était certainement pas excessif.

Plus important que le revenu, faisait mon bonheur l'équipe que j'ai constituée au bout de quelques années d'enseignement, et après que je suis devenu professeur docteur pour de vrai cette fois, autour du projet de développer la réflexion en histoire et philosophie des sciences. Notre équipe se composait de mes étudiants de troisième cycle et de deux collègues avec qui j'avais pris l'habitude de travailler. Tous sont devenus, par et pour la philosophie, les plus chers de mes compagnons.

Notre collectif philosophique a ainsi créé une revue, organisé des colloques, publié deux livres, l'un sur la notion de méthode de Descartes à Feyerabend, l'autre sur le philosophe Gaston Berger.

Rien n'indique mieux ce qu'était l'esprit de notre équipe que l'aventure qu'a été la publication de notre *Gaston Berger, introduction à une philosophie de l'avenir*[15]. Ce livre était un vrai pari car avant de l'écrire

15. Dakar, Nouvelles Éditions africaines, 1997.

nous ne savions strictement rien, ou presque, de notre sujet.

Il est vrai que, vivant au pays de Senghor, on ne pouvait guère être totalement ignorant de Gaston Berger. Le poète-président parlait en effet à profusion de l'importance de la pensée prospective, de l'exploration du futur par l'imagination et la raison pour mieux asseoir un développement planifié. Et il citait abondamment à ce propos Gaston Berger qui tenait une grande place dans sa pensée d'un socialisme africain. Senghor ne manquait jamais non plus de rappeler que Gaston Berger appartenait aussi… au Sénégal. Le philosophe, en effet né dans ce pays, était un enfant de Saint-Louis. Il avait surtout une grand-mère sénégalaise du nom de Fatou Diagne, ce qui faisait de lui un visage de ce métissage que Senghor a tant chanté. Berger lui-même évoquait volontiers ses origines sénégalaises, comme son fils, Maurice Béjart, le ferait lorsqu'il créerait, à l'invitation de son ami Senghor, une école de danse à Dakar.

De la pensée bergérienne nous étions donc un ou deux à avoir une connaissance de seconde main. Et voici que nous nous sommes trouvés dans la situation de devoir consacrer un livre collectif aux divers aspects de sa philosophie : la deuxième université du pays, à Saint-Louis, allait être achevée et il était convenu qu'elle porterait le nom que Senghor, en en posant la première pierre, avait prévu. Rien n'indiquait cependant, dix-sept ans après qu'il eut quitté ses fonctions présidentielles, que le nom de Gaston Berger convenait toujours, dans l'esprit des Sénégalais, à la deuxième université du pays. Notre ouvrage était une manière de présenter le philosophe de la prospective aux futurs étudiants de l'université Gaston-Berger de Saint-Louis. Notre *Introduction à la philosophie de l'avenir* m'est particulièrement chère aujourd'hui pour les noms de ceux et celles que ce livre a réunis et dont certains ne sont plus.

J'avais aussi joué un rôle actif dans l'inauguration et le baptême de la nouvelle université parce que, depuis 1993, j'avais ajouté à mes responsabilités académiques la fonction de conseiller pour l'éducation et la culture du président socialiste Abdou Diouf. Et c'est à ce titre que j'ai contribué à la création de l'université Gaston-Berger. Avant de travailler à la présidence, je participais depuis quelques années déjà à la politique éducative du Sénégal. J'avais d'abord été délégué dans les fonctions d'inspecteur général pour superviser le programme de la classe de philosophie en terminale et pour accompagner les professeurs de lycée dans leur enseignement. J'ai été ensuite invité par le ministre de l'Enseignement supérieur à faire partie de ses conseillers et c'est à ce poste que j'ai travaillé avec lui à l'édification de la nouvelle université. Il était entendu que de nouvelles filières y seraient développées afin que Gaston-Berger ne fût pas un clone de l'université Cheikh-Anta-Diop de Dakar. Il était également entendu que seuls les meilleurs élèves bacheliers se verraient offrir les places, en nombre limité, proposées chaque année.

L'ironie de l'histoire est que, lorsque le dossier de l'université fut ficelé pour être présenté à l'approbation de la présidence, j'étais alors moi-même devenu conseiller du Président. Cette nouvelle position me plaçait du côté où se prenait la décision.

Les responsabilités s'étaient empilées les unes sur les autres durant la décennie 1990. Je remplissais le même horaire à l'université, assurais mes fonctions d'inspecteur général du mieux que je pouvais et travaillais à la présidence comme conseiller. J'étais même, en sus, assesseur du doyen de la faculté des lettres ! Mais j'étais heureux qu'il m'ait été donné de prendre part à la configuration de l'enseignement supérieur du Sénégal ainsi que de son calendrier culturel.

La fête de l'inauguration de l'université Gaston-Berger à Saint-Louis fut belle. Maurice Béjart, fils du parrain, en fut l'invité d'honneur. Il rappela ses origines et ses amitiés sénégalaises, combien elles lui étaient chères, mais avertit tout de suite après qu'il ne parlerait pas davantage. Il devait saluer le moment, dit-il, par tout le corps parlant son vrai langage, celui de la danse. Les batteurs de tam-tam présents ne se firent pas prier pour accompagner sous les bravos la danse de Maurice Béjart. Pour son baptême, l'université Gaston-Berger a ainsi eu son « sacre de l'hivernage ».

Je me souviens, en voyant Maurice Béjart danser ce jour-là, d'avoir pensé que son père avait eu raison de dire qu'être au spectacle d'une danse, c'était danser soi-même. Nous ne pouvons en être des spectateurs immobiles qu'en apparence : en réalité, nous sommes nécessairement pris dans son mouvement, en phase avec lui, faisant un avec sa durée. Une autre pensée qui m'est aussi venue était que, en exprimant l'impossibilité à dire sa joie autrement que par la danse, il avait évoqué une tradition prophétique que je trouve importante : un jour où Mahomet avait dit à son cousin paternel Jafar qu'il était frappé par leur ressemblance, au physique comme au moral, celui-ci s'était levé et s'était mis à danser en tournant autour du prophète. Devant l'étonnement de ce dernier, il lui avait expliqué qu'il avait vu en Abyssinie cette manière de traduire sa joie par le corps. Lorsque l'on recevait une faveur du négus, la coutume était de danser autour de lui en action de grâces, il en avait été témoin. Jafar, qui avait saisi la signification spirituelle profonde des paroles du prophète, avait jugé que seule la danse pouvait dire sa joie.

La danse peut être un mode d'expression du soufisme. Je savais que Maurice Béjart s'était converti à l'islam chiite sous l'influence d'un maître soufi. Je suis sûr qu'en donnant libre cours à l'éloquence du corps pour célébrer l'inauguration de l'université Gaston-Berger il a eu à l'esprit la tradition de Jafar, cousin du prophète Mahomet.

Les années 1980 ont été marquées par la révolution iranienne, une révolution d'un autre type, radicalement autre, qui pour cette raison a exercé sur Michel Foucault une fascination dont il ne s'est jamais vraiment expliqué. L'exigence d'absolu s'était incarnée en mouvement politique, a-t-il écrit en substance dans les textes qu'il lui a consacrés. Ce moment a été le catalyseur d'un mouvement mondial de réislamisation des sociétés musulmanes. Il a fait sentir ses effets partout, en particulier sur les campus universitaires. L'université Cheikh-Anta-Diop de Dakar a vu arriver la vague. Il est devenu habituel de voir sur le campus les identités religieuses et confrériques se manifester ostensiblement par les choix vestimentaires. Ce que l'on appelle *le mouvement étudiant*, au singulier, a commencé à se démultiplier, non plus seulement selon les diverses nuances, proclamées irréconciliables, du socialisme, mais en faisant une place grandissante à des associations religieuses manifestant divers visages de la réislamisation : salafistes, confrériques, chiites…

Les grands débats académiques des intellectuels africains s'étaient noués autour des *-ismes* qu'étaient le nationalisme, l'anti-impérialisme, les socialismes, le panafricanisme… Voilà que la question religieuse, celle de l'islam tout particulièrement, était venue les chercher au cœur de l'espace universitaire même.

Il nous est alors apparu, au département de philosophie, qu'une réponse qu'il nous appartenait d'apporter à cette question était l'adaptation de notre curriculum. Dans un contexte où l'islam était devenu une question de géopolitique mondiale et dans un pays comme le Sénégal où quatre-vingt-quinze pour cent de la population est musulmane, il devenait incongru que nos enseignements ne fissent aucune place à la philosophie islamique. Nous avions nous-mêmes tous été formés dans une tradition où l'histoire de la philosophie était celle d'une manière de penser née miraculeusement dans la seule Grèce, sans précédent ni équivalent ailleurs, transmise ensuite à un monde européen antique, puis médiéval, puis moderne, et enfin contemporain ; dont la langue était tout naturellement le grec et quelques langues indo-européennes apparentées, partageant en particulier le même usage de la copule « être » ; dont la trajectoire, menant d'Athènes à Rome et de Rome à Heidelberg, Paris ou Londres, manifestait la destinée unique de ce que le philosophe Edmund Husserl avait appelé l'« humanité européenne ».

Une première finalité d'un enseignement de la philosophie dans le monde islamique était de décoloniser cette manière de penser l'histoire de notre discipline. Nous avions déjà, il est vrai, un solide enseignement en philosophie africaine. Il était nécessaire de proposer également un cours qui correspondît à la vérité de ce qu'est le devenir pluriel de la philosophie grecque, en des langues diverses et variées, en arabe en particulier. Ce cours devait ainsi rétablir le fait que la *translatio studiorum*, le transfert des connaissances philosophiques du monde grec, a connu des tours et détours qui mènent à Nichapour, à Bagdad, à Cordoue, à Fès, à Tombouctou… La finalité était aussi, et peut-être surtout, de présenter aux étudiants l'islam comme une tradition intellectuelle et spirituelle où l'on questionne, où l'on discute, où l'on doute, où l'on examine, où l'on interprète… Dans le département de philosophie d'une université comme la nôtre, dont la devise est *Lux mea lex* – « La lumière est ma loi » –, l'enseignement d'un islam des Lumières s'imposait.

La philosophie islamique n'était la spécialité d'aucun d'entre nous. C'est surtout par tradition familiale que j'avais avec cette littérature une familiarité qui m'autorisa à accepter la proposition de mon département : me charger de cet enseignement.

Cela dit, j'avais déjà commencé à publier quelques réflexions dans ce domaine. En 1985, l'Unesco avait organisé un important colloque pour célébrer ce qui correspondait, dans le calendrier musulman, au 900e anniversaire d'Abu Hamid Al Ghazali (1058-1111), l'Algazel des Latins. Je n'avais pas pu participer à la rencontre, mais j'avais été invité par l'Unesco à apporter ensuite une contribution au volume d'actes[16].

16. Collectif, *Al Ghazali. La raison et le miracle*, Paris, Maisonneuve et Larose, 1987.

Mon texte, intitulé « Contre l'autorité de la tradition : une analyse du doute d'Al Ghazali », portait sur une thèse qui restera une orientation de mon travail en philosophie islamique : l'islam est toujours dans le mouvement de se dégager d'une conception carcérale de la tradition. Je voyais là le sens de la démarche de Ghazali et l'importance dans son œuvre de la notion de *revivification*. Elle signifie que la religion reste fidèle à sa vérité lorsqu'elle est dynamique, ouverte, et en phase avec le mouvement de la vie.

L'œuvre du poète et penseur indien Mohamed Iqbal (1877-1938), pour notre époque, est tout entière édifiée sur cette thèse. La lecture de son livre, que j'avais découvert dans la bibliothèque paternelle, appelant à *reconstruire la pensée religieuse de l'islam*, a constitué un moment essentiel de mon parcours. J'ai appris à habiter sa pensée, à la faire véritablement mienne, en l'enseignant à mes étudiants. Iqbal éclaire ce que signifie aujourd'hui la revivification de la religion. *Reconstruire* et *revivifier*, c'est en effet la même chose : comment penser la relation de l'islam aux temps qui changent.

Au cœur de la philosophie d'Iqbal se trouve cette tradition prophétique dont son œuvre peut être considérée comme un grand commentaire : « Ne dénigrez pas le temps car le temps est Dieu. » Les temps qui changent ne sont donc pas l'ennemi de la religion, mais la condition de l'approfondissement continu de son message et de la réalisation de sa promesse. La cosmologie coranique, explique le poète, est une cosmologie ouverte, toujours émergente. L'un des aspects les plus importants de sa philosophie du temps en islam est que celle-ci est aussi philosophie de l'innovation continue. Parce que c'est la vie elle-même qui est innovation – et Iqbal cite souvent le verset coranique selon lequel Dieu est chaque jour engagé dans une action nouvelle –, la vérité de la religion est dans le mouvement de continûment s'égaler au mouvement même de la vie. Voilà ce que veut dire pour l'islam déployer la modernité dont il est porteur, ce qui n'a rien à voir avec une technique, une ingénierie de l'adaptation à une notion extérieure à soi et appelée « modernité ». Le concept de « reconstruction » de la pensée de l'islam n'est pas à comprendre comme « adaptation » ou imitation, mais comme la reprise d'un principe de mouvement, condition de la sortie de la pétrification qu'a connue la pensée religieuse en islam après le XIIIe siècle.

La lecture de Mohamed Iqbal m'a ramené à celle d'Henri Bergson. J'ai découvert combien le philosophe français est présent, non seulement dans les écrits du poète indien, mais dans celle de nombre d'intellectuels musulmans qui, au XXe siècle, ont élaboré, en mettant en œuvre des concepts de l'auteur de *L'évolution créatrice*, une pensée de la revivification de l'islam. C'est cette rencontre entre l'élan vital bergsonien et la cosmologie émergente du Coran que présente le livre, issu de mon enseignement de la philosophie en islam, que j'ai consacré à la pensée de Mohamed Iqbal[17].

L'élan vital bergsonien n'a pas seulement trouvé à se traduire dans le langage iqbalien. Il est également au centre de la pensée de Léopold Sédar Senghor. Le chemin qui m'a conduit à ce dernier et à la philosophie de l'art africain sera donc passé par Henri Bergson et Mohamed Iqbal.

L'année 1993 a été marquée par deux changements importants pour ma famille et moi-même. Après avoir quitté notre nid haut perché du centre-ville et habité pendant cinq ans dans le quartier du Point E, près de l'université, ma femme et moi avons emménagé au mois d'août 1993 avec armes, bagages et trois enfants, dont des jumeaux, dans notre maison actuelle.

Elle se situe dans une de ces nouvelles cités qui tirent la mégapole qu'est aujourd'hui la capitale sénégalaise vers l'extrême pointe de la presqu'île du Cap-Vert. Notre quartier, qui jouxte l'ancien village d'Ouakam, aujourd'hui absorbé par la ville, s'étale au pied des

17. Souleymane Bachir Diagne, *Islam et société ouverte. La fidélité et le mouvement dans la pensée de Mohamed Iqbal*, Paris, Maisonneuve et Larose, 2001.

deux collines voisines des Mamelles. Veille ainsi sur nous, perché sur la plus haute des deux collines, depuis la pointe la plus occidentale du continent africain, le vénérable phare qui depuis plus d'un siècle et demi balaie du regard, inlassablement, l'océan Atlantique.

Depuis dix ans maintenant l'autre Mamelle porte le monument de la Renaissance, construit selon la technique nord-coréenne comme un hymne triomphal à la figuration réaliste, et traduisant dans le bronze l'idée que se faisait le président Abdoulaye Wade de la « renaissance » et de l'art.

Lorsqu'en mars 2000 Wade a remporté les élections, mettant ainsi fin à la présidence d'Abdou Diouf et au long règne du parti socialiste, j'avais pris la décision d'accepter un poste à l'université de Northwestern, à Chicago. Quelle que fût l'issue du scrutin, il était entendu que je quitterais mes fonctions de conseiller à la culture et à l'éducation. Ces fonctions avaient commencé en 1993 et c'était le second grand changement intervenu cette année-là dans mon parcours.

Travailler à la présidence de la République a été pour moi une expérience précieuse, durant des années difficiles, dominées par le régime économique et financier des programmes d'ajustement structurel auquel les pays africains s'étaient trouvés contraints de se soumettre. D'Abdou Diouf l'histoire retiendra certainement qu'il aura servi son pays, en ayant été le président qui a eu la responsabilité de tenir ensemble les exigences contradictoires d'en passer par les contraintes des politiques d'ajustement tout en essayant de répondre à la demande sociale qu'elles exacerbaient, sans négliger de négocier, avec une opposition déterminée, les avancées de l'idéal démocratique. Elle retiendra probablement aussi qu'il s'est employé à cette tâche avec une qualité personnelle indispensable en ces temps de turbulences : l'équanimité.

Outre cette qualité, ce qui a cimenté les liens qui continuent aujourd'hui de m'attacher à lui est qu'en homme de méditation il aime parler de philosophie et de spiritualité avec moi. Sur ce plan, il partage avec Senghor une véritable obsession du dialogue des religions et du pluralisme. La figure de la Vierge Marie dans le christianisme et dans l'islam est un sujet dont nous avons parlé ensemble longuement, à dix mille mètres d'altitude comme il se doit. C'était dans l'avion présidentiel, lors d'un voyage officiel où je faisais partie de la délégation. Après cette conversation pour laquelle il m'avait fait venir dans sa cabine, je suis revenu à ma place, en pensant à un texte de Senghor. Il y confie comment, alors qu'il devait quelques heures plus tard participer à une importante session sur le budget du Sénégal, la question qui l'occupait et le taraudait demeurait obstinément celle de Dieu et ce qu'en disait Teilhard de Chardin. Je découvrais chez le successeur du poète philosophe la même propension à s'abstraire des dossiers lorsque la question philosophique appelle et insiste.

En 1999, j'ai entendu parler pour la première fois de l'université américaine de Northwestern, à Evanston, lorsque je fus invité à y effectuer un séjour d'un trimestre. L'Institut d'études africaines de cette université avait établi avec le Codesria, un organisme panafricain de recherches en sciences sociales, un programme proposant à de jeunes universitaires du continent de mener, pendant douze semaines environ, dans les meilleures conditions possible, une recherche menant à la publication d'un article. Ces conditions sont celles qu'offrent le Programme d'études africaines de Northwestern ainsi que son extraordinaire bibliothèque Melville-Herskovits, l'une des toutes premières au monde pour tout ce qui concerne l'Afrique.

Le Codesria et la directrice de l'Institut, l'anthropologue Jane Guyer, me choisirent cette année-là pour diriger le programme, superviser les recherches des résidents sélectionnés et donner deux cours, l'un sur une question africaine, l'autre en philosophie islamique. J'acceptai et décidai de créer ainsi, dans le temps de mes enseignements et de mes fonctions à la présidence, une parenthèse d'un trimestre d'enseignement à la Northwestern University.

Quelques jours avant mon départ, j'ignorais encore où j'allais. J'ignorais même que ma destination était en fait la ville de Chicago, Evanston étant son immédiate banlieue nord. Ce que surtout je ne pouvais pas savoir, c'était que cette parenthèse prévue pour trois mois était le prologue à une nouvelle phase de ma vie qui me verrait, trois ans plus tard, quitter notre villa des Mamelles. Cette fois je passerais l'Atlantique pour aller vivre et enseigner en Amérique.

Chicago, Illinois

Welcome to the Windy City: c'est par ces mots que le pilote de l'avion qui m'a amené à Chicago pour ma première visite, un jour de mars 1999, a salué notre atterrissage à l'aéroport O'Hare. Je devais apprendre bien plus tard que, contrairement à ce que j'ai cru alors, le surnom de la ville ne lui venait pas de son vent – Dieu sait s'il peut être violent et terriblement froid –, mais de la réputation de ses représentants dans les discussions entre les différents États américains de l'Union. Ils sont, paraît-il, particulièrement bavards et brassent beaucoup d'air.

Je suis tout de suite tombé sous le charme de la ville de Chicago, de ses gratte-ciel et de son lac qui ressemble tant à une mer. Le campus de Northwestern où j'allais habiter est l'un des plus beaux des États-Unis: son architecture variée a tiré le meilleur parti de son site exceptionnel au bord du lac Michigan. Le Program of African Studies où j'avais mon bureau durant ce séjour est le premier dans son genre à avoir été établi dans une université américaine. Il avait été créé par Melville J. Herkovits, également fondateur de la bibliothèque qui porte son nom. La tradition de ce pionnier des études africaines, lui-même disciple de Franz Boas, justement considéré comme le père de l'anthropologie américaine, a été relayée par différents africanistes de renom qui ont dirigé l'institut.

J'ai donc découvert un « Program » interdisciplinaire et interdépartemental, réunissant autour de questions africaines des enseignants et chercheurs venant de l'anthropologie, de l'histoire, de la littérature, de la linguistique, ou de la religion… Une rencontre que je fis durant mon premier séjour au printemps 1999, et qui se révéla importante pour mon travail, fut celle de l'historien de l'islam en Afrique John Hunwick. Ce Britannique devenu citoyen américain, mais aussi citoyen de cœur de la ville de Tombouctou où il se rendait chaque année, est l'auteur d'une monumentale *Arabic Literature of Africa* qui égrène sur plusieurs tomes les titres et références d'innombrables manuscrits en arabe, ou parfois en d'autres langues africaines utilisant l'alphabet arabe. Cet homme, mort en 2015, que ses collègues et ses nombreux disciples appelaient affectueusement Cheikh John, fut l'un des principaux pionniers de ce que l'on appelle les *Timbuktu Studies*.

Sous cette expression, il faut entendre le domaine de recherche sur une tradition d'érudition écrite dans les régions d'islam en Afrique au sud du Sahara. « Tombouctou » étant alors ici, non seulement le nom de la ville qui fut la capitale intellectuelle des empires du Mali et du Songhay, mais une synecdoque pour tous les centres intellectuels de l'Ouest africain musulman où cette tradition s'est développée.

Ce que vise la redondance « érudition écrite » est la nécessaire remise en question de l'idée reçue selon laquelle les cultures africaines sont par nature orales, anhistoriques, et que leur connaissance relève d'une ethnologie visant leur essence éternelle. Contre la division du travail entre « orientalistes », étudiant le monde de l'islam, dont la région de l'Afrique du Nord, et « africanistes », spécialistes de la partie subsaharienne du continent et qui peuvent ignorer, à tous les sens du mot, l'islam dans ces régions, les *Timbuktu Studies* continuent de se développer dans la direction que leur ont désormais imprimée des chercheurs comme John Hunwick.

Mes conversations avec Cheikh John, dans les cafés et les restaurants d'Evanston où nous aimions à nous retrouver, ont été décisives pour l'orientation de mon travail vers une approche de l'histoire de la philosophie en Afrique, autre que le débat autour du mot *ethnophilosophie*. Les *Timbuktu Studies* montrent en effet que la question n'est pas seulement de savoir si l'oralité des cultures africaines peut ou non porter la réflexion critique qui caractérise la pensée philosophique. Il s'agit aussi de prendre en compte ce qui s'est écrit et enseigné dans cette discipline, dans les centres d'érudition islamique en Afrique subsaharienne où la logique d'Aristote, par exemple, était étudiée des siècles avant l'arrivée de René Caillié à Tombouctou.

Quelques semaines après mon installation à Evanston, j'ai eu avec Jane Guyer, la directrice de l'Institut d'études africaines, une longue conversation qui allait décider du nouveau tournant américain de mon parcours. Vers la fin d'un dîner en tête à tête dans le centre-ville d'Evanston, Jane me dévoila en effet que son intention, en me faisant venir pour un trimestre, était aussi de m'inviter à considérer la possibilité de transformer ma visite de quelques semaines en une situation permanente. Elle en avait touché un mot au département de philosophie pour engager la conversation sur la possibilité que je devienne un de leurs professeurs.

Elle m'expliqua le projet des chercheurs de l'Institut d'ajouter au « Program » la contribution d'un philosophe. Mais cela supposait que la personne qui serait ainsi pressentie fût élue au terme de la compétition par le département de philosophie. Lequel recherchait d'abord le profil classique de quelqu'un qui enseignerait l'histoire de la philosophie et d'autres domaines « traditionnels » de la discipline. Le poste négocié par l'Institut avec l'administrateur de l'université avait ainsi été mis en compétition une première fois sans qu'aucun des candidats finalistes n'ait été retenu par le département de philosophie. C'est cette situation qui avait conduit Jane, que je connaissais bien déjà pour avoir participé avec elle aux rencontres du Codesria, à envisager de me faire venir à Northwestern. Elle pourrait me présenter à l'administrateur et au département de philosophie comme un penseur des questions africaines et en même temps un candidat des plus classique pour ce qui était de ma formation et de l'essentiel de mes travaux. Qu'à mon arc j'eusse également la corde histoire de la logique mathématique lui apparaissait un argument décisif pour montrer que le profil recherché existait bel et bien : celui d'un professeur des enseignements traditionnels du département de philosophie, travaillant également à l'Institut sur des questions africaines.

Jane comprenait, me dit-elle, que j'avais tenu jusque-là à travailler au Sénégal. Mais elle avait aussi pensé qu'après avoir, pendant près de vingt ans, formé plusieurs cohortes d'étudiants en philosophie et conduit une recherche qui avait reçu quelque attention sur le plan international, je pouvais peut-être envisager d'ouvrir une nouvelle page de ma carrière, d'enseigner et d'écrire dans des conditions qui faciliteraient grandement la poursuite de mon travail philosophique. Elle m'offrit d'en décider en connaissance de cause. Je répéterais ainsi l'expérience de venir enseigner à Northwestern deux cours trimestriels pendant deux autres années, à l'issue desquelles j'accepterais ou non de me présenter à l'élection au poste de professeur de philosophie avec un rattachement au « Program of African Studies ». Et Jane qui, décidément, avait pensé à tout ajouta à cette proposition celle d'inviter, durant mon séjour de l'année suivante, ma femme qu'elle connaissait aussi, pour qu'elle puisse prendre avec moi une décision de cette importance.

Ainsi fut fait. L'année suivante je retournai enseigner un trimestre à Northwestern et vers la fin de mon séjour, au début du mois de juin, Mariame et notre fille de trois ans vinrent me retrouver à Evanston. Ma femme avait décidé de profiter de son premier voyage aux États-Unis pour aller passer quelques jours à New York chez l'une de ses meilleures amies de lycée. Celle-ci s'était installée en Amérique depuis plusieurs années avec sa famille : elle saurait lui expliquer à quoi pouvait ressembler la vie d'une famille sénégalaise aux États-Unis. Je restai seul avec notre fille, avec la mission de m'occuper d'elle pendant l'absence de sa mère. J'étais terrifié à l'idée qu'elle réclamerait peut-être sa maman à cor et à cri. Il n'en fut rien. Pendant les quelques jours où pour la première fois je me suis retrouvé à m'occuper tout seul de cette enfant de trois ans, j'ai connu un immense bonheur à découvrir avec elle la ville de Chicago. À lui présenter le gigantesque squelette du dinosaure Sue, le tyrannosaure Rex qui accueille les visiteurs à l'entrée du musée Field de Chicago et constitue un des emblèmes de la ville. Et, bien sûr, à passer des heures dans Millenium Park avec ses nombreux visiteurs.

Au bout de deux jours de tourisme, j'entendis un soir ma fille chantonner quelque chose que je reconnus être le message, inlassablement répété d'une voix de synthèse dans le métro de Chicago, le fameux « L » : *Doors closing!* Ce furent les premiers mots en anglais qu'elle prononça. La serrant contre moi je pensai : « Encore un peu et tu pourras aussi répéter en anglais que "dans le sens de la marche, les portes s'ouvrent sur la droite à la station"… »

Jouant les haruspices avertis j'ai décidé que « *Doors closing!* », dans la bouche de ma fille de trois ans, signifiait que les portes s'ouvraient pour nous en Amérique : elle avait donc voté. Mariame revenue de New York estima elle aussi que ça devrait aller. C'est ainsi qu'il fut convenu qu'après mon troisième et dernier printemps de cours comme professeur en visite je me présenterais à l'élection lorsque le poste dont m'avait parlé Jane Guyer serait remis en compétition. Les dés étaient jetés. Ils produisirent la bonne configuration et je fus élu professeur à Northwestern University, dans les départements de philosophie et de religion, ainsi que comme chercheur dans le programme d'études africaines.

Mon amie Jane Guyer avait eu raison de me présenter les choses comme elle avait fait. Après vingt ans d'enseignement à l'université Cheikh-Anta-Diop, je pouvais faire le constat que mes anciens étudiants devenus mes collègues et amis allaient désormais pouvoir se charger de « mes » cours. Et je sentais aussi un besoin de changement. J'avais, comme beaucoup, très mal vécu les crises à répétition et les grèves – durant parfois plusieurs mois – qui avaient provoqué par deux fois des années académiques tout simplement invalidées et annulées, en 1989 et en 1993. Chaque année ou presque, pendant la décennie 1990, se posait la même question : comment éviter une nouvelle année blanche en rattrapant, après les inévitables grèves, ce qu'on pouvait des cours prévus, afin d'organiser quand même les examens ? Se succédaient ainsi des années académiques rafistolées qui ne pouvaient manquer de porter un coup au moral.

Ce qui avait aussi provoqué un désir de changement pour au moins quelque temps, c'était que le malheur avait par deux fois frappé ce que j'ai appelé notre « collectif ». En mai 1997, l'un de nos amis s'était découvert une maladie qui l'avait emporté en quelques semaines. Nous n'avions pas fini de mesurer le vide qu'il avait laissé que, quelques mois plus tard, un autre de nos compagnons les plus chers se tuait dans un accident de voiture, sur la route de Saint-Louis, ce qui nous laissa dévastés. À ces tragédies s'était ajouté le départ en France et au Congo de deux autres de nos amis.

Bien sûr il fallait continuer, il faut toujours continuer. Et lorsque les choses se défont aussi brutalement sous le coup du sort, la foi dicte de remettre sur le métier son ouvrage. Mais continuer de contribuer à la philosophie en Afrique et au Sénégal, je pouvais le faire à Northwestern. Depuis le nouveau département qui m'accueillait comme il avait accueilli une majorité de mes collègues, eux aussi venus d'autres pays : d'Irlande, d'Australie, d'Espagne, d'Allemagne. À ce concert philosophique des nations, j'ajoutais le drapeau du Sénégal.

Deux ans après notre installation à Chicago, *Afrique News Magazine* a publié un entretien avec moi. Ce journal local, qui avait choisi d'écrire *Afrique* en français dans son titre, s'était spécialisé dans les informations concernant la communauté africaine à Chicago. L'entretien devait me présenter aux lecteurs, ainsi que le journaliste l'écrivit dans le titre qu'il donna à son article, comme un « professeur de philosophie sénégalais apportant une tranquille touche de célébrité à l'université de Northwestern ». Mais la « une » du journal présentait quelqu'un qui allait être autrement célèbre ! Un politicien dont il était dit que sa campagne pour un siège au Sénat était en train de décoller. Ce politicien, qu'*Afrique News Magazine* avait encore besoin de présenter dans son numéro de février 2004, deviendrait, quatre ans plus tard seulement, le quarante-quatrième président des États-Unis et le premier afro-descendant à diriger la plus grande puissance mondiale.

L'Amérique où pendant trois ans j'avais enseigné chaque trimestre de printemps la philosophie islamique et la philosophie africaine à Northwestern n'était pas la même Amérique devenue, en juin 2002, notre pays d'adoption. Entre-temps, il y avait eu la tragédie du 11 septembre. Et enseigner la philosophie islamique dans l'Amérique d'après le 11-Septembre avait désormais un tout autre sens.

Je le constatais déjà dans l'intérêt que suscitait un enseignement comme le mien associant islam et philosophie : mon séminaire de philosophie islamique devait littéralement refuser du monde, le quota d'étudiants à admettre, fixé pour lui maintenir sa nature de séminaire, était toujours vite atteint dès l'ouverture de la période des inscriptions. Ceux qui choisissaient mon cours venaient en majorité des départements de philosophie et de religion, mais aussi d'autres départements. Mon enseignement se proposait d'illustrer le fait que, derrière le bruit et la fureur qu'évoquait alors le mot « islam », il y avait une riche tradition spirituelle et intellectuelle plus que millénaire.

D'une année à l'autre je variais les sujets du séminaire. Celui qui avait le plus de succès auprès des étudiants traitait de la métaphysique du soufisme. Je savais que ce succès tenait pour une grande part à l'idée, devenue courante, qu'il fallait distinguer entre le « bon » et le « méchant » musulman – le « bon » étant le musulman soufi. Au-delà de ce simplisme, je m'attachai à examiner avec mes étudiants la question de savoir pourquoi il est dans la métaphysique du soufisme d'être en effet tolérant. Pourquoi cette compréhension ouverte et pluraliste de la religion constitue un contrepoids nécessaire à des lectures fragmentées, fermées, exclusivistes et intolérantes.

Deux catégories de personnes, pour des raisons diamétralement opposées, considèrent que le soufisme n'est pas l'islam. La première est constituée de ceux qui y voient une inacceptable innovation par rapport à une tradition établie dès les premiers temps de la religion, répétée à l'identique sans ajout ni retranchement par les musulmans. Ils font alors valoir qu'une doctrine ou des pratiques qui seraient désignées comme « soufies » sont contraires à cette fidélité de répétition.

La seconde catégorie comprend ceux qui au contraire estiment que c'est la religion qui se révèle incapable de traduire une spiritualité soufie dont ils jugent qu'elle est à l'étroit dans les dogmes et le rituel musulmans. Pour ceux-là, le soufisme est à lui-même sa propre religion. Ainsi, j'ai parfois rencontré des personnes m'expliquant qu'elles étaient soufies sans être musulmanes. Elles seraient entrées en spiritualité sans s'encombrer de la religion, attirées en général par la poésie « universelle » de Rumi ou d'Attar, mais sans aucune considération pour la foi islamique de ces auteurs. La colombe de Kant aussi, ivre du bonheur de voler, croyait qu'elle planerait encore mieux sans la résistance de l'air.

L'éducation et l'initiation spirituelle que j'ai reçues ont cultivé en moi l'idée et l'expérience que le soufisme est au cœur de l'islam – contre le propos des représentants de la seconde catégorie – et également qu'il est le cœur de l'islam – contre ceux qui veulent lui opposer une tradition elle-même souvent reconstruite et réinventée. Cela dit, il est absurde d'entrer dans une querelle du soufisme. Elle n'est à bien des égards qu'une querelle de mots. C'est ce que je lis dans le propos d'Ali Hujwiri au XIe siècle citant un autre soufi du siècle précédent, quand il écrit qu'après avoir été une réalité sans nom le soufisme était devenu un nom sans réalité.

Un nom sans réalité ? Cet apophtegme est à l'évidence une lamentation devant ce que son auteur considérait être, à son époque, une perte de l'énergie du mysticisme islamique et un besoin de revivification spirituelle. Mais ce à quoi il faut prêter la plus grande attention, c'est l'affirmation que le soufisme fut d'abord une réalité sans nom. Au-delà de l'idée que les premières générations n'avaient pas besoin de nommer une vision et une disposition qu'ils vivaient au quotidien, cette expression est en fait une définition du soufisme comme ce qui est sans définition et sans nom. Parce que ce nom n'est pas autre que celui de l'islam.

Une tradition raconte en effet que le prophète a enseigné à ses compagnons que la religion est *islam*, *iman* et *ihsan*. L'*islam* est réalisé lorsque le musulman se conforme à la prescription de respecter les cinq piliers de la religion que sont la profession de foi, la prière, l'aumône, le jeûne et le pèlerinage à La Mecque. L'*iman*, un mot qui se traduit par « foi », consiste à croire en ce qui ne relève pas du témoignage des sens ou d'une raison raisonnante : Dieu, les anges, les livres révélés, les prophètes. L'*ihsan* enfin est l'excellence de caractère. D'elle il est dit qu'elle consiste à adorer Dieu comme si on Le voyait, sachant que si on ne Le voit pas, Lui nous voit.

Toujours se sentir en présence de Dieu pourrait être une définition du soufisme qui n'a en effet pas besoin d'avoir un nom pour être considéré comme la réalité vécue par les premières générations de musulmans. En un mot, le soufisme, dans la définition implicite qu'en donne l'expression « réalité sans nom », n'est autre que l'« excellence de caractère ».

On pourrait tout aussi bien affirmer, en conséquence et de manière circulaire, que le soufisme n'est autre que l'*islam* et que celui-ci est la même chose que l'*ihsan*. Car si l'*islam* est le respect des cinq piliers de la religion, celui-ci ne peut être une pure conformité extérieure aux prescriptions. Il doit s'accompagner du sentiment, qui peut, à certains moments privilégiés, connaître la plus grande intensité, d'être sous le regard de Dieu. À cette condition, la simple conformation à ce qui est commandé devient aussi conformité intérieure et conviction. L'*islam* se parachève ainsi en *ihsan* et l'*ihsan* se découvre *islam*. L'identification est aussi avec l'*iman* puisque la capacité d'avoir foi en ce dont on n'a ni l'expérience sensible ni la connaissance rationnelle est seule capable de conduire à se placer sous le regard de Dieu pour accomplir les rituels, dans la conviction et la fidélité. La réalité du soufisme peut rester sans autre nom que celui de l'un quelconque de ces trois visages de l'islam.

Lorsque j'aborde le soufisme dans mes enseignements de philosophie islamique, je mets l'accent surtout sur la doctrine, la métaphysique d'où découle le sens du pluralisme et de la tolérance qui caractérise le mysticisme islamique, et peut-être le mysticisme en général. Au fondement de cette métaphysique, se trouve l'anthropologie coranique.

Un passage en particulier, dans le Coran, est souvent cité dans la littérature soufie pour dire quelle est la nature de l'humain et quelle est sa destination. Ce récit (7 : 172-174) présente un moment de la prééternité où Dieu réunit « les enfants d'Adam », autrement dit toute l'humanité à naître, pour leur poser la question suivante : « Ne suis-je pas votre Seigneur ? » ; à laquelle tous, unanimement, de répondre : « Oui, en vérité ! »

Cette scène de la convocation des âmes et du covenant qui est établi avec leur créateur montre la nature de l'humain comme constituée par un « oui » à Dieu. Ce consentement premier, qui est son état dans la prééternité, devient la poursuite de ce qu'il a à être dans son existence terrestre. Se réaliser comme humain accompli, retrouver la complétude de l'être qui a dit « oui », est alors son devoir. Un devoir dont il sera oublieux lorsqu'il sera engagé dans le temps du monde, dans la succession des travaux et des jours. Lui rappeler son Seigneur et le « oui » qu'il lui a déclaré en ce jour avant les jours, celui que la littérature soufie appelle « le jour de “ne suis-je pas ?” », sera la même chose alors que le rappeler à lui-même. Les soufis se désignent ainsi souvent comme « les gens du rappel ». La capacité de réminiscence, de faire retour à ce jour-là, est la force inscrite dans les humains et qui les meut. Savoir lire l'unité de cette force d'aimer derrière les mouvements des êtres est le fondement même du pluralisme.

Le modèle de l'humain accompli reste le prophète. Et c'est ainsi que les musulmans en général comprennent la parole coranique qui dit de lui qu'il est l'« exemple parfait » pour eux même si le soufisme insiste tout particulièrement sur l'*imitatio prophetae* (imitation du prophète) comme la voie vers la réalisation de soi. C'est ainsi que pour Iqbal le premier des mystiques dans le monde de l'islam, ce fut le prophète lui-même. Mais son expérience resta sans commune mesure avec celles que l'on appelle habituellement mystiques, car elle fut créatrice d'un monde. Iqbal partage avec Bergson d'avoir distingué le mystique que le second dit « incomplet » de celui dont la réalisation de soi est inséparable de la transformation du monde de la vie ou plutôt de la création d'un cours nouveau du monde. L'expérience prophétique est celle qui crée un monde après avoir été chercher « la vie elle-même ». C'est d'elle que participe l'expérience des réformateurs, qui renouvellent ensuite la parole prophétique et qui sont donc, dans le langage de l'élan vital, des « revivificateurs ». On notera ici que Bergson retrouve avec ce mot un concept traditionnellement en usage dans le soufisme pour parler du nécessaire renouvellement périodique de l'énergie spirituelle[18].

Un point donc sur lequel j'insiste tout particulièrement dans mes écrits et mes enseignements sur la métaphysique du soufisme est qu'elle est philosophie de l'action et non de la contemplation ou de l'extase. Iqbal s'est ainsi opposé au soufisme au nom du soufisme : celui de la réalisation de soi par l'action de transformer le monde, de collaborer avec Dieu à parachever la création.

Ayant appris que j'avais rejoint Northwestern, un camarade de l'École normale devenu, lui, professeur à Columbia m'avait écrit pour me souhaiter la bienvenue dans le monde académique américain. Mais puisque, me disait-il, j'avais déjà fait le pas de partir du Sénégal

18. Le rapprochement est fait ici entre *La Reconstruction de la pensée religieuse en islam* (édition et traduction de l'anglais [Pakistan] par Abdennour Bidar, préface de Souleymane Bachir Diagne, Paris, Gallimard, 2020), de Mohamed Iqbal et Henri Bergson, *Les Deux Sources de la morale et de la religion* (Paris, Puf, 1932).

pour venir aux États-Unis, je pouvais peut-être envisager de le rejoindre à New York. Cette conversation amicale serait suivie d'effet quelques années plus tard, lorsque répondant à la pression de plusieurs amis que je comptais à cette université j'ai rejoint Columbia en 2008.

Il en est du monde académique américain comme du football professionnel : il a son *mercato*. Et d'ailleurs les étudiants qui souhaitent s'engager dans une carrière académique déclarent, l'année où ils vont présenter des candidatures et qui est en général celle où ils terminent leur thèse, qu'ils « vont sur le marché ». Mais ce qui en fait vraiment un *mercato* est qu'on s'y pique aussi des joueurs. Il est ainsi fréquent que celui qui est déjà en poste, mais souhaite améliorer de manière significative sa position à un certain point de sa carrière, emprunte la voie qui consiste à se remettre « sur le marché » en espérant alors ou bien trouver dans une nouvelle institution de meilleures conditions, ou bien négocier avec son université la satisfaction de ses desiderata. C'est le jeu du « retenez-moi, sinon je fais un malheur ».

On n'est pas bon à ce jeu du marché quand on est un enfant de l'enseignement public et que l'on a la mentalité de fonctionnaire qui est la nôtre dans le monde académique francophone. Avant donc qu'en 2007 mon camarade de l'École qui avait fait toute sa carrière à Columbia m'ait parlé de la possibilité d'un poste à New York, j'avais envisagé de prendre ma retraite au bord du lac Michigan. Mes enfants étaient dans une école idéale pour nous, dans le beau quartier de Lincoln Park. C'était une école élémentaire publique américaine, du jardin d'enfants à la seconde, avec un programme conçu tout particulièrement pour que les enfants des familles francophones, de passage ou installées à Chicago, gardent un rapport avec la langue et les programmes d'études français. Ce programme se prolongeait au lycée de Lincoln Park où nos fils avaient terminé leurs études secondaires. Leur sœur était encore à l'école élémentaire. Bref, rien ne nous empêchait de dire « oui » à New York.

À Columbia je devais rejoindre un département de français qui était devenu en fait un programme francophone pluridisciplinaire où s'enseignaient aussi bien l'histoire, la sociologie ou la philosophie que la littérature. Je serais aussi dans le département de philosophie qui offrirait ainsi régulièrement un séminaire de philosophie islamique.

Nous nous étions habitués à la *Windy City*, même avec ses hivers bien froids et ses tempêtes de neige. Nous aimions notre maison avec un petit jardin, située dans le quartier de Rogers Park, à la frontière de Chicago et d'Evanston. J'aimais conduire sur le Lake Shore Drive et avec mes amis et collègues nous avions nos habitudes, en particulier aller voir jouer les excellents groupes qui se produisaient au Green Mill, une boîte de jazz qu'aimait aussi Al Capone.

Partir ne fut pas facile. Mais mon amie Jane Guyer elle-même avait quitté Northwestern l'année précédente lorsqu'il lui fut offert un poste à Johns Hopkins et nos fils allaient rejoindre leurs universités respectives. Mariame fut d'avis que nous allions à New York où vivaient ses amies. Comme disait la voix de synthèse du « L » de Chicago : « *Doors closing…* »

New York, New York

C'est dans les années 1980 que l'immigration sénégalaise aux États-Unis est devenue un phénomène significatif. Venus pour l'essentiel des régions de Louga, de Kaolack ou de Diourbel, pour ceux qui parlent wolof, et, pour ceux qui parlent peul, des terres situées le long du fleuve Sénégal, les migrants se mirent à former à New York ce qu'il est convenu d'appeler des enclaves[19]. Une enclave bien connue et à laquelle le cinéma s'est intéressé est celle, située à Harlem, à cinq minutes de Columbia University, appelée *Little Senegal.* Parfois aussi *Little Africa*, un nom qui rend mieux compte de la sociologie du quartier : si les Sénégalais y constituent l'essentiel de la population immigrée, de nombreux

19. Voir Ousmane Kane, *The Homeland Is the Arena. Religion, Transnationalism, and the Integration of Senegalese Immigrants in America*, Oxford, Oxford University Press, 2011.

Ouest-Africains, surtout francophones, y ont aussi élu domicile.

Dans son numéro daté du 31 décembre 2014, le vénérable *Spectator*, l'hebdomadaire que publient les étudiants de l'université de Columbia, proposa à ses lecteurs un article ayant pour titre « Un ordre d'éviction met la pression sur la mosquée Masjid Aqsa ». L'article faisait le point sur la situation qui allait bientôt aboutir à la fermeture d'une mosquée portant le nom coranique *al-Aqsa*. Elle avait alors été, pendant seize ans, le cœur religieux d'une communauté réunissant surtout des immigrés récents ouest-africains mais aussi des Américains musulmans. L'article du *Spectator* citait l'imam déclarant que la mosquée al-Aqsa ajoutait à sa mission religieuse celle, sociale, de « défendre les Africains » en leur portant assistance pour tout ce qui concernait leur statut légal dans leur nouveau pays, les relations avec la police, ainsi que toutes questions de santé et de finances. La mosquée, ajoutait l'imam, était un lieu où les Africains naturalisés apprenaient à devenir de bons citoyens, à prévenir violences et crimes dans le quartier, et apprenaient aussi à exercer leur droit de vote. En rappelant les œuvres sociales d'al-Aqsa, l'imam, un érudit originaire de Côte-d'Ivoire, déplorait qu'un ordre d'éviction eût été pris après que des hausses successives du loyer passé de quatre mille dollars à dix mille puis à dix-huit mille avaient, depuis quelques années déjà, signifié à la communauté que le propriétaire avait désormais d'autres plans pour son immeuble dans un Harlem central en pleine boboïsation.

Aujourd'hui, l'emplacement de la mosquée al-Aqsa est une vaste surface clôturée attendant d'accueillir le projet d'un promoteur immobilier. Les péripéties qui ont abouti à la destruction de ce lieu de culte illustrent, plus généralement, ce qu'il est en train d'advenir de Little Africa, qui est sa disparition progressive. Les immigrants venus d'Afrique de l'Ouest s'étaient créé cette enclave, lorsque les premiers d'entre eux sont arrivés dans ce coin de Harlem qui ne connaissait alors que trop le crime et l'insécurité. Vendeurs de drogue et trafiquants en tout genre y tenaient le haut du pavé. Les nouveaux pionniers ouest-africains pour qui l'Amérique était devenue la nouvelle frontière, de préférence à l'Europe, étaient musulmans dans leur très grande majorité. Ce qui veut dire qu'ils ne se droguaient pas et ne buvaient pas d'alcool. Leur mode de vie contribua fortement à changer le visage du quartier lorsqu'ils y installèrent commerces et restaurants auxquels ils donnèrent le plus souvent des noms venus du Sénégal et écrits selon l'orthographe française : Touba, Thiès, Pikine, Les Ambassades…

Mais un Harlem central s'embourgeoisant, accueillant aujourd'hui Starbucks et Whole Foods, et devenu plus blanc, est désormais bien trop cher pour la plupart de ceux et celles qui ont fait de Little Senegal cette enclave africaine à Manhattan, où l'on entend parler dans les rues, outre l'anglais, le wolof, le dioula ou le français. C'est dans ces langues, en plus de l'arabe liturgique, que passant de l'une à l'autre l'imam de la mosquée al-Aqsa délivrait ses sermons.

L'article du *Spectator* apportait à ses lecteurs plusieurs messages. Il exprimait d'abord, bien sûr, l'intérêt de la communauté universitaire de Columbia pour ses voisins de Harlem. Il témoignait ensuite de l'irrésistible mouvement de boboïsation dont le développement de l'université était grandement responsable, et qui ne laisserait plus bientôt de Little Senegal que les quelques commerces et restaurants ayant la capacité de vivre dans un Harlem aujourd'hui hors de prix.

À la fin des années 1980, les immigrants sénégalais se sont regroupés dans une Association nationale des Sénégalais d'Amérique devenue bientôt, plus simplement : l'Association des Sénégalais d'Amérique, ASA. Déclarant dans ses statuts sa mission de rassembler tous les Sénégalais résidant aux États-Unis, sans considération de leurs convictions religieuses, politiques ou philosophiques, l'ASA joue un rôle essentiel d'assistance des membres de la communauté.

Mais c'est surtout dans leurs associations religieuses que les Sénégalais se retrouvent en communauté, en Amérique comme dans tous les pays où ces grands voyageurs devant l'Éternel se sont installés. Alors, bien sûr, les confréries soufies qui donnent son visage à l'islam au Sénégal ont une présence marquée à Little

Africa. Al-Aqsa n'est plus mais ces différentes confréries ont établi des mosquées dans Harlem et ailleurs à New York, en achetant et en transformant des maisons. Pour les rencontres qui demandent plus d'espace, elles profitent parfois de l'imposant immeuble qu'est la mosquée Malcolm X.

Rien ne manifeste mieux cette présence de l'islam confrérique sénégalais que le « Bamba Day » qui voit chaque année, au mois de juillet, la ville de New York célébrer l'œuvre d'Ahmadou Bamba, le fondateur de la voie mouride, en accueillant une marche des disciples de cette confrérie à travers les rues de Harlem ; et qui voit le siège des Nations unies offrir ses salles, qui s'avèrent alors toujours trop petites, pour l'organisation d'une grande conférence présidée par le Cheikh Mame Mor Mbacké, un petit-fils d'Ahmadou Bamba. Il insiste pour que cette conférence soit toujours un rappel, dans l'Amérique d'après la tragédie du 11-Septembre, que le message de l'islam, tel que donne à l'entendre la lecture qu'en fait le soufisme, est paix et tolérance.

Nous installer à New York, pour ma famille et moi-même, c'était aussi rejoindre cette communauté sénégalaise qui y a élu domicile. C'était appartenir, pour ainsi dire, à deux espaces. Il me suffit de traverser le parc qui, dans Harlem, prolonge Central Park, d'en descendre les escaliers, passant ainsi des hauteurs de Morningside où se situent le campus de Columbia et l'immeuble où nous habitons, pour me retrouver au Sénégal, dans sa culture confrérique, sa cuisine et également, en période d'élections surtout, dans la traditionnelle intensité de ses joutes politiques.

C'est aujourd'hui le projet de l'université que de mieux s'ouvrir à un quartier de Harlem qu'elle contribue à transformer. L'Institut d'études africaines de Columbia est tout naturellement un bras armé de cette politique, et s'est assigné la mission de lui donner un contenu concret. L'Institut accueille ainsi parfois dans les locaux de l'université les événements culturels de la communauté africaine et afro-américaine de Harlem, et se fait un devoir de lui ouvrir les portes de ceux qu'il organise. L'historien Mamadou Diouf en a ainsi fait un pont entre les deux espaces de part et d'autre du parc de Morningside quand il en était le directeur. Lui succédant aujourd'hui, je poursuis dans la même voie.

Ouvrir à l'université de Columbia un troisième chapitre de mon parcours philosophique était placer celui-ci sous le signe de ce que l'on appelle le postcolonial ou le décolonial. Je n'avais pas jusque-là embrassé volontiers ces concepts ni placé sous leur chapeau les orientations prises par mon travail. Sans doute parce que mon souci de l'universel ne se laisse pas ranger facilement, sans problème, sous ce label.

Si le postcolonial était une religion, Columbia en serait le premier temple. Et l'on écrirait alors, juste sous la devise de l'université – *In lumine tuo videbimus lumen*, « En ta lumière nous verrons la lumière » –, celle-ci : *In postcolonial we trust.* Il y a d'abord, évidemment, le fait que c'est à Columbia qu'a enseigné Edward Saïd qui y a établi les fondations des *Postcolonial Studies* et leur a donné, avec son livre *L'orientalisme* (1978), la lumière en laquelle voir la lumière. Il y a aussi le fait que Columbia est la demeure académique d'une autre fondatrice, Gayatri Spivak, qui y a créé l'Institut d'études comparées et littéraires.

Lorsque je suis arrivé au début de l'année 2008 à Columbia, Edward Saïd était mort depuis trois ans déjà. Mais c'est peu de dire que sa mémoire restait vivante à Morningside Heights. L'appartement qu'il avait habité, sur la belle avenue de Riverside Drive longeant le fleuve Hudson, a d'ailleurs figuré parmi ceux qui me furent proposés par le service des logements de l'université. Je n'eus pas à le visiter car notre choix s'est très vite porté sur un autre appartement, dans la même avenue mais plus au nord, au quinzième étage d'un immeuble où nous jouissons d'une vue imprenable sur le fleuve Hudson et le New Jersey sur l'autre rive.

Gayatri Spivak fut une des premières collègues avec qui je me suis lié après qu'elle me fut présentée par Mamadou Diouf. J'étais donc bien en terre postcoloniale. Autant dire en territoire ennemi pour les intellectuels pourfendeurs des études postcoloniales au nom d'un universalisme dont elles seraient l'ennemi déclaré. Cette querelle du postcolonial connaît une intensité particulière en France, un pays dont le récit convenu de soi repose si naturellement sur la tranquille certitude d'avoir la particularité d'être universel.

Dans cette querelle de l'universel je me suis trouvé embarqué l'année de mon arrivée à New York lorsque l'anthropologue Jean-Loup Amselle, qui venait de publier son livre *L'Occident décroché*[20], m'a fait figurer parmi les auteurs postcoloniaux engagés à perpétrer un tel « décrochage ».

Je ne me rappelle plus qui, juste après la parution du livre, m'avait envoyé un e-mail exprimant quelque indignation devant un ouvrage dont l'auteur du message disait qu'il constituait une attaque contre les chercheurs africains membres du Codesria. J'étais, bien évidemment, de ces chercheurs. C'est quelques mois plus tard que j'ai pu profiter d'un voyage à Paris pour lire l'ouvrage, dans lequel j'ai découvert que j'étais, sous la plume d'Amselle, « un Afro-centriste orientalisé ». D'une manière générale, le propos du livre était de présenter, sous forme de fiches plus ou moins fournies, consacrées à divers auteurs du sous-continent indien, d'Amérique du Sud et d'Afrique, une pensée postcoloniale « tricontinentale », exposée dans toute sa fureur décrocheuse vis-à-vis de l'Occident, en opposant à son

20. Paris, Stock, 2008.

universalisme la défense et l'illustration de particularismes « subalternistes » indiens, décoloniaux sud-américains, ou postcoloniaux africains. À la fin de chaque fiche de présentation des auteurs des trois continents, Amselle avait mis beaucoup de soin à les épingler d'une formule qui se voulait acerbe et définitive. C'est ce qui avait valu à mon personnage tel que croqué par Jean-Loup Amselle d'être, d'une part, un Afrocentriste, ce qui voulait simplement dire que je travaillais aussi, trop sans doute à ses yeux, sur des questions africaines, d'autre part « orientalisé », puisque j'avais écrit sur la philosophie d'un auteur indien : Mohamed Iqbal. La formule était certainement sonore, mais elle était aussi vide de sens que si Amselle avait ajouté que j'étais également « algébrisé » puisque j'avais consacré un livre à l'algèbre de la logique du Britannique George Boole.

L'auteur de *L'Occident décroché* insistait tout particulièrement sur le rôle de l'université américaine comme le lieu de rencontre de ces auteurs indiens, latino-américains et africains qu'elle avait séduits et dont elle renforçait naturellement l'orientation identitaire : elle leur offrait l'espace de leur mobilisation commune, d'où mener les attaques convergentes contre l'universalisme incarné par une Europe qu'il leur fallait provincialiser. À la lecture de l'accusation portée contre l'université américaine, j'avais souri en pensant que, en effet, en Mamadou Diouf, Mahmood Mamdani, Ousmane

Kane et moi-même le Codesria avait placé quatre de ses membres dans la seule université de Columbia !

Contrairement à ce qu'avait écrit l'auteur du courriel qui m'avait d'abord parlé de *L'Occident décroché*, il n'y avait, au bout du compte, aucun motif d'indignation, et le livre fut accueilli par nous – j'entends les intellectuels francophones du Codesria – par un haussement d'épaules. Et c'est plusieurs années plus tard que j'ai eu l'occasion d'en parler, dans une discussion directe, avec Jean-Loup Amselle lorsque nous nous sommes rencontrés pour la première fois.

C'était à Lille, en novembre de l'année 2014. *Cité Philo*, le festival de philosophie qu'organise périodiquement la ville, avait cette année-là fait de l'Afrique son invitée d'honneur et il m'avait été demandé de donner, dans le magnifique palais des Beaux-Arts, une conférence d'introduction sur « La philosophie en Afrique ». Jean-Loup Amselle figurait également parmi les auteurs accueillis à *Cité Philo*, ce qui avait donné l'idée à Adèle Van Reeth, philosophe et journaliste à France Culture, de nous inviter à son micro pour une conversation à trois.

C'est après cette première rencontre radiodiffusée, lorsque nous nous sommes trouvés dans le train qui nous ramenait à Paris, que Jean-Loup Amselle et moi avons évoqué la possibilité de faire un livre de dialogue prolongeant la discussion que nous venions d'avoir. Ce qui avait alors, pour moi, toutes les chances de rester une idée en l'air est devenu la réalité de l'ouvrage que nous avons fait ensemble quatre ans plus tard[21], lorsque celle qui devint notre éditrice chez Albin Michel a pris les choses en main. Nous nous sommes rencontrés tous les trois en mars 2017 à la Foire du Livre de Paris et sommes tombés d'accord très vite, ensuite, sur la manière de procéder, par un échange d'e-mails, sur les thèmes dont nous étions convenus de traiter.

Je récusai très vite la distribution des rôles que semblait annoncer le sous-titre du livre, qui aurait présenté Jean-Loup Amselle comme l'universaliste à qui j'aurais dû servir la réplique du défenseur postcolonial des identités particulières. Du souci de l'universel je ne pensais pas que mon interlocuteur eût le monopole.

Refuser une telle distribution était d'abord empêcher que me soient attribuées des positions qui n'étaient pas les miennes, afin d'expliquer moi-même mes propres interrogations sur la question du postcolonial et de l'universel. Ensuite, au-delà du dialogue que nous avions engagé tous les deux, il fallait établir, d'une manière générale, que présenter cette question comme la querelle qu'une pensée et des auteurs postcoloniaux seraient venus faire à l'universalisme, c'était

21. Souleymane Bachir Diagne et Jean-Loup Amselle, *En quête d'Afrique(s) : universalisme et pensée décoloniale*, Paris, Albin Michel, 2018.

ne pas en comprendre la vraie nature. Il n'y a pas d'un côté l'universalisme drapé dans sa définition de soi et, de l'autre, des particularismes attachés à sa perte. On a vu cette dramatisation simpliste être servie à l'opinion par certains qui en sont même à vouloir interdire l'accès au monde académique à ceux dont ils estiment qu'ils n'en parlent pas la langue et sont donc, proprement, des barbares qui veulent empêcher d'universaliser en rond.

Prétendre ne rien avoir à faire avec le postcolonial et vouloir le tenir à distance de la demeure de l'universel revient à souhaiter reconduire le grand partage qu'a effectué le colonialisme entre l'*ici* de la civilité, celle de la métropole, et l'*ailleurs* de la barbarie, celle de la colonie. C'est un tel partage qui a permis de perpétrer ailleurs, là-bas, le crime contre l'humain tout en écrivant, ici, le récit de soi dans lequel on proclame son universalisme et son humanisme. Ce récit constitue alors l'histoire que l'on enseigne, et il est inscrit aussi dans l'espace, lorsqu'il est raconté par les statues et les monuments qui matérialisent le projet de rassembler la nation, les citoyens de l'ici, autour d'une mémoire commune. Il n'inclut pas, par définition, les indigènes de l'ailleurs auxquels un code confère un statut. Que les indigènes soient maintenant *de* la République, que l'ici et l'ailleurs se conjoignent, que les espaces délimités par le grand partage se replient l'un sur l'autre, et le récit national se retrouve brouillé d'être lu désormais depuis un ailleurs maintenant présent aussi ici : les monuments qui le déclament se retrouvent désormais avec deux visages. Edward Colston, le bienfaiteur de Bristol, en Angleterre, voit ainsi la statue que lui a érigée sa ville reconnaissante s'avérer aussi celle d'un négrier qui doit sa fortune et sa réputation de grand bâtisseur au commerce des esclaves. On ne peut plus s'empêcher de voir dans la statue du « grand Colbert » un hommage à celui qui a aussi présidé à la rédaction du code noir. La République ne peut pas tenir à distance de soi le postcolonial. Celui-ci est inscrit en elle et les indigènes sont aussi maintenant ses enfants qui lui demandent d'honorer sa promesse et de devenir, pour tous, ce qu'elle a à être.

Frédéric Worms définit un moment philosophique comme une période où un problème commun parcourt les œuvres qui lui donnent sa configuration. La pensée en général connaît, aujourd'hui, un moment postcolonial, dans lequel la définition même de l'universalisme s'inscrit comme une question. S'il fallait dire d'un mot quel problème commun est la racine de ce moment, je proposerais : *pluriel*. Jean-Loup Amselle et moi avons évoqué dans notre dialogue l'importance de la conférence de Bandoeng en 1955. C'est une rencontre dont on peut faire, en effet, le commencement du postcolonial car c'est celle où les mondes sous la domination de l'Europe se sont réunis sans elle pour condamner le principe même de la colonisation, célébrant ainsi l'irréductible pluralité de leurs cultures et de leurs langues. Le pluriel que célèbre Bandoeng n'est pas dirigé contre l'universel. Il en est au contraire la promesse. Celle d'un universel qui n'est pas imposition impériale, mais inscription du pluriel du monde sur un horizon commun.

Le postcolonial n'est pas la célébration du relativisme. Il a souci de l'universel. Parler au nom du particulier *comme tel* en récusation de l'universel *comme tel* n'a simplement pas de sens. Ce serait pur illogisme. Dire, en revanche, que l'universel ne saurait être la propriété d'une seule province du monde, c'est inviter à faire mouvement vers ce que Aimé Césaire a appelé un universel riche de tous les particuliers, et qui n'est pas donné. Après Césaire, la pensée décoloniale répète que mettre en question un universalisme qui ne serait que la manifestation d'un exceptionnalisme européen, c'est inviter à marcher vers la « pluriversalité ».

Je suis pleinement en accord avec Walter Mignolo lorsqu'il insiste pour dire qu'il s'agit là d'un projet universel. Car il ne faut pas lire dans le pluri-versel l'opposé de l'uni-versel, mais l'interpénétration du pluriel et de l'universel.

Si au mot « pluriel » employé pour dire la nature du moment postcolonial que nous vivons je devais ajouter un autre, ce serait celui de « dialogue ». Il faut partir certes du pluriel des cosmologies et de leurs langues, mais il faut aussi comprendre que la marche vers la pluriversalité signifie qu'elles s'ouvrent les unes sur les autres, qu'elles entrent en dialogue, et qu'elles se transforment dans le mouvement de se traduire. Le pluriversel (Mignolo), l'universel vraiment universel (Wallerstein), l'universel horizontal (Merleau-Ponty) ou ce que Senghor appelait, simplement, citant Pierre Teilhard de Chardin, la « civilisation de l'universel » – tous ces concepts partagent de nommer l'universel postcolonial comme tâche du moment dans un monde pluriel dont la configuration n'est plus celle d'un centre avec sa périphérie.

C'est un tel monde qu'arpente depuis quelques années maintenant le groupe de réflexion créé sous le nom des Ateliers de la pensée par Felwine Sarr et Achille Mbembe, avec lequel je fais chemin aujourd'hui. Il réunit, en un ensemble flou à géométrie variable, auteurs/auteures et créateurs/créatrices provenant de disciplines et d'horizons multiples, qui partagent la volonté de confronter et concerter des points de vue articulés depuis une perspective africaine, elle-même totalement ouverte. Qui partagent, dans leurs différences, la conviction que les questions africaines sont des questions planétaires et les questions planétaires des questions africaines.

La pensée décoloniale est très diverse et le souci de l'universel se manifeste (ou pas) de manière différente selon les auteurs et les problèmes. Surtout, dirais-je, lorsque la question est de savoir ce qu'il faut entendre par une décolonisation épistémologique dont des auteurs comme Boaventura de Sousa Santos, João Arriscado Nunes ou Maria Paula Meneses soutiennent qu'elle doit mettre fin à une « monoculture de la connaissance scientifique » et s'accomplir dans la mise en place d'une « écologie des savoirs »[22].

La diversité des cosmologies, des langages, des sagesses et des connaissances pratiques qu'elles enveloppent fait la riche pluralité du monde. Cette richesse doit être préservée et, aujourd'hui, il est particulièrement important que des savoirs et des sagesses qui inscrivent l'humain comme vivant parmi les vivants, avec la responsabilité d'assurer l'accroissement continu de la vie sous toutes ses formes, fassent pièce à une philosophie mécaniciste et un système technoscientifique qui sont le moteur d'un capitalisme de l'exploitation de la nature réduite à n'être que « ressources », et qui ont mené à la crise écologique que nous vivons.

Cela dit, l'historien des sciences que je suis se méfie d'une dénonciation d'une « monoculture de la connaissance scientifique ». On peut se déclarer « contre la méthode » comme Feyerabend, mais la notion d'un « anarchisme méthodologique » dans la démarche

22. Boaventura de Sousa Santos, João Arriscado Nunes et Maria Paula Meneses, « Opening up the Canon of Knowledge », « introduction » à Boaventura de Sousa Santos (dir.), *Another Knowledge is Possible. Beyond Northern Epistemologies*, Londres et New York, Verso, 2008.

scientifique ne signifie pas l'inexistence d'une... démarche scientifique. Pour résumer, je récuse l'idée d'une incomparabilité radicale des modes de connaître, qui interdirait, par exemple, toute commune mesure entre des approches relevant d'épistémologies différentes tout en visant la même finalité: préserver, renforcer la vie. Je crois ainsi que l'un des enseignements à tirer de l'épreuve qu'a imposée à l'humanité le virus du corona est qu'il faut aussi savoir entonner, à l'unisson, l'hymne de *la* science au singulier. On a vu, devant l'inconnu qui s'est présenté à elle, la science médicale tâtonner, se tromper, se contredire, conjecturer, essayer. On a vu partout, au Nord comme au Sud, le meilleur de l'intelligence humaine converger dans la définition de ce qui constitue une cure. Avec la même exigence, que tout remède qui se donnerait pour la cure cherchée fasse ses preuves, selon une mesure statistique universelle d'efficacité, qu'il s'agisse de l'hydroxychloroquine ou de l'artemisia, cette plante témoin de la vitalité de diverses cosmologies dans le monde: chinoise et malgache, par exemple.

Il y a la science et il y a la vérité des nombres. Il faut tenir ferme ce principe en ces temps où les obscurantismes vont jusqu'à se donner des « faits alternatifs » contre l'idéal démocratique, où la vaccination, cette victoire toujours recommencée de la force de vivre sur la mort, est l'objet de scepticisme, voire de rejet, au nom de connaissances « alternatives » souvent.

Les principaux auteurs de la décolonialité prennent soin de préciser que la relativité des savoirs, qui traduit leur inscription dans une territorialité donnée, ne doit pas être synonyme de relativisme et qu'entre eux il doit s'établir un dialogue. Mais qu'est-ce à dire précisément et quelles sont les implications concrètes d'un appel à un « dialogue non relativiste » entre territoires épistémiques, visant à effectuer une décolonisation de la science ? Le problème reste entier.

Peut-être une réponse est-elle à dégager de l'examen de cas précis ? Alors, pour prendre celui de la rencontre entre la philosophie grecque et le monde de l'islam, qui fait l'objet d'une partie importante de mes écrits et de mes enseignements, cette réponse est qu'un dialogue des cosmologies suppose la capacité de décentrement et de déterritorialisation, qui est la traduction.

Lorsque le monde de l'islam s'est littéralement incorporé différents centres de rayonnement de la philosophie grecque, la question s'est posée de la relation à entretenir avec une sagesse étrangère et « païenne ». Essayer de la tenir à distance de soi ? S'ouvrir à elle ? La tension entre ces deux réponses, sous des formes différentes, a toujours été présente et l'est encore dans l'histoire intellectuelle des sociétés musulmanes. L'attitude d'ouverture qui a favorisé le développement de la philosophie et des sciences dans le monde de l'islam a pour elle la parole prophétique bien connue : « Allez chercher le savoir, fût-ce jusqu'en Chine. »

Ce que cette parole dit clairement est que le savoir est voyage et « épreuve de l'étranger[23] ». Je crois, pour ma part, qu'elle exprime l'esprit de l'islam. Elle continue de donner à mon parcours son orientation.

Je suis debout à la fenêtre de mon salon d'où je contemple en rêvassant, comme j'aime à le faire au petit matin, la vue qui s'offre à moi. Sur ma gauche se dresse, massive, Riverside Church, l'église où Martin Luther King a prononcé le discours historique dans lequel, en 1967, il s'est élevé contre la guerre au Vietnam. Mon regard s'arrête ensuite un instant sur l'imposant mausolée du général Ulysse Grant avant d'aller suivre un bateau qui glisse sur l'Hudson vers le sud, en direction des gratte-ciel du centre-ville de Manhattan.

Je viens de finir de corriger les derniers feuillets de mon manuscrit, et la relecture m'a plongé dans un état nostalgique et méditatif. C'est une expérience singulière que de dessiner en un livre le chemin que l'on a parcouru, et en mesurer alors tout le caractère contingent, improbable, en un temps où c'est l'humanité entière qui vit dans la conscience de sa vulnérabilité et de la fragilité de sa demeure : notre planète Terre.

---

23. C'est ainsi qu'Antoine Berman définit la traduction dans son livre qui porte ce titre : *L'Épreuve de l'étranger. Culture et traduction dans l'Allemagne romantique. Herder, Goethe, Schlegel, Novalis, Humboldt, Schleiermacher, Hölderlin*, Paris, Gallimard, 1984.

L'essentiel de ce livre aura, en effet, été écrit pendant que le virus du corona portait la dévastation dans la ville de New York, pendant les interminables semaines où la ville était l'épicentre de la pandémie. Dans l'atmosphère qu'il avait installée, où le sentiment de la mort ambiante était au plus vif, l'écriture en confinement m'apportait une certaine détente. L'écriture de ce livre mais aussi celle d'articles qui m'étaient demandés sur des sujets liés à la pandémie, à New York, sur le continent africain, ainsi que sur ce que l'islam pouvait avoir à dire de cette épreuve qui frappait l'humanité entière et de l'obligation de renoncer aux prières collectives et autres rassemblements religieux. Être ainsi placé en situation de penser large et de penser loin m'aidait à relativiser la sourde inquiétude qui m'habitait, pour moi-même et pour les miens se trouvant aux États-Unis, au Sénégal, en France…

Penser la vulnérabilité de l'humanité et la fragilité de notre habitat, la terre, pour ne pas se sentir confiné et condamné à tourner en rond dans le souci de soi… Continuer de faire, selon l'expression de Husserl, son travail de « fonctionnaire de l'humanité ».

J'ai justement écrit en 2016 un texte dans lequel je parle de l'urgence de « faire humanité ensemble et, ensemble, habiter la terre[24] ». C'est ce titre qui me vient

24. Dans le numéro 193 de la revue *Présence africaine* daté de novembre 2017, sous le titre « Politiques de la dignité ». Il s'agit

à l'esprit alors que je me tiens debout à ma fenêtre. Car si, pour le virus qui a mis notre monde sens dessus dessous, la Terre entière n'est qu'un petit pays dont il a vite fait le tour, la réponse à lui porter devrait être que oui, nous sommes une seule humanité. Comme dirait mon ami bahaï : la Terre n'est qu'un seul pays.

Le mot que je traduis par l'expression « faire humanité ensemble », c'est le mot bantou *ubuntu*, dont Nelson Mandela et Desmond Tutu ont fait la fortune internationale lorsqu'ils l'ont fait inscrire dans la Constitution de l'Afrique du Sud postapartheid pour dire la nécessité éthique et politique de sortir leur pays de la politique des tribus. *Ubuntu*, c'est le combat à mener aujourd'hui, sur le plan mondial. Affirmer ensemble notre humanité commune comme une force créatrice qui s'oppose à la mort, c'est la définition que donnent Xavier Bichat et Claude Pasteur de la vie, c'est aussi ce que disent nombre de cosmologies traditionnelles africaines. Et c'est le sens d'*ubuntu*.

S'opposer aux inégalités au sein des nations et entre les nations afin que chacune puisse se réconcilier avec elle-même et se sentir une « parcelle » d'une humanité solidaire qu'il faut continûment travailler à réaliser, c'est la définition que Jaurès a donnée du socialisme. Et c'est le sens d'*ubuntu*.

---

d'un numéro d'actes d'un colloque qui s'est tenu à l'université Félix-Houphouët-Boigny à Abidjan, en 2016, sous ce titre.

Je quitte ma fenêtre, mon observatoire d'où je garde l'œil sur le New Jersey, comme je m'amuse souvent à dire lorsque je parle de la vue depuis mon appartement. Je retourne à ma table de travail et à mon ordinateur. Je sais sur quel mot je voudrais terminer ce manuscrit.

Table

Cet ouvrage
a été achevé d'imprimer
sur Roto-Page en mars 2021
par l'Imprimerie Floch
à Mayenne

N° d'imprimeur : 97932
Dépôt légal : avril 2021
ISBN : 978-2-84876-770-3
Imprimé en France